ÉTUDE

SUR

L'EXTRADITION

SUIVIE

DU TEXTE DES TRAITÉS FRANCO-BELGE DE 1874
ET FRANCO-ANGLAIS DE 1843 ET 1876

PAR

Étienne DE VAZELHES

DOCTEUR EN DROIT

AVOCAT A LA COUR D'APPEL DE PARIS.

Prudentia politica suadet deditionem universam.
Prudentia politica deditionem civis dissuadet.

KLUIT : *De deditione profugorum*, ch. II, § 1 et 3

———————————

PARIS

F. PICHON, LIBRAIRE-ÉDITEUR,

14, RUE CUJAS, 14

1877

ÉTUDE

SUR

L'EXTRADITION

ÉTUDE

SUR

L'EXTRADITION

SUIVIE

DU TEXTE DES TRAITÉS FRANCO-BELGE DE 1874
ET FRANCO-ANGLAIS DE 1843 ET 1876

PAR

Etienne DE VAZELHES

DOCTEUR EN DROIT

AVOCAT A LA COUR D'APPEL DE PARIS.

Prudentia politica suadet deditionem universam.
Prudentia politica deditionem civis dissuadet.
KLUIT : *De deditione profugorum*, ch. II, § 1 et 8.

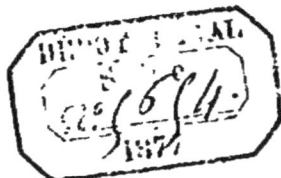

PARIS

F. PICHON, LIBRAIRE-ÉDITEUR,
14, RUE CUJAS, 14

—

1877

ÉTUDE

SUR

L'EXTRADITION

―――――

CHAPITRE PREMIER.

ORIGINE ― DÉVELOPPEMENT ― LÉGITIMITÉ DE L'EXTRADITION.

La civilisation étend sans cesse son domaine, et, dans sa marche plus ou moins rapide, plus ou moins apparente, suivant les époques, elle triomphe de tous les obstacles. Restreinte d'abord à l'organisation intérieure où se reflète le caractère propre de chaque pays, elle se généralise ensuite, progresse par l'uniformité, et améliore les relations extérieures en même temps qu'elle les multiplie. Depuis un siècle surtout, sous son influence toujours agissante, une transformation complète s'est opérée

1

dans les rapports internationaux. Les grandes découvertes modernes ont eu pour résultat d'abaisser les frontières qui séparent les peuples : en quelques minutes l'homme peut transmettre sa pensée d'un bout de la terre à l'autre ; en quelques heures, quelques jours, il parcourt lui-même de longues distances, et se transporte dans des pays éloignés. Sous l'action de ces causes diverses, qui ont merveilleusement servi la marche du droit international, les nations se sont rapprochées de plus en plus ; l'idée trop exclusive de nationalité a dû, au contact des civilisations entre elles, perdre peu à peu du terrain au point de vue du droit privé, et dans le même temps, chose remarquable ! elle prenait chaque jour dans le domaine politique une place plus importante.

Mais une telle révolution n'a pu s'opérer sans susciter, par l'effet des mêmes causes, à côté d'inappréciables bienfaits, un danger pour la civilisation elle-même. La multitude des affaires, la vaste extension du crédit, tout contribue à faciliter, dans bien des cas, l'exécution de combinaisons coupables dont les désastreuses conséquences se feront sentir au loin, et jusque dans des pays où le même fait n'aurait eu autrefois aucun retentissement : d'un autre côté, des moyens nouveaux sont donnés au coupable pour faire disparaître les traces de son crime, et se soustraire lui-même aux poursuites de la justice.

C'est de l'imminence de ce danger même qu'est sortie l'extradition qui assure l'empire de la loi pénale, et permet d'enlacer en quelque sorte le criminel dans un vaste réseau de poursuites auxquelles il ne peut se soustraire.

L'extradition est le droit pour un État, sur le territoire duquel un malfaiteur s'est refugié, de le livrer à un autre État qui le réclame, et qui est compétent pour le juger et le punir.

Notons en passant que le mot *Extradition*, dont nous venons de nous servir, est nouveau dans la langue du droit international : le premier document officiel où nous le voyons apparaître est le décret du 19 février 1791, dont le titre est ainsi conçu : « Décret qui charge les comités de constitution et diplomatique de présenter une loi sur l'*extradition* réciproque des prévenus de certains crimes, entre la France et les autres puissances de l'Europe... » Et il n'apparaît pas dans les conventions passées par la France avant 1828. L'expression latine *tradere*, qui correspond au mot *extradition* et en donne l'étymologie, ne figure pas davantage dans les actes diplomatiques écrits en latin ; on employait à la place le mot *remittere*, ou en français les mots *restituer, remettre* (1).

Examinons de suite une idée malheureusement trop répandue et fausse selon nous, d'après laquelle l'antiquité, en admettant le *droit d'asile*, voulait assurer l'impunité du coupable, et devait dès lors,

_____

(1) M. Billot, *Traité de l'Extradition*, p. 34.

repousser l'extradition. Nous accordons bien qu'à une certaine époque et dans les temps barbares, lorsque les nations se considéraient respectivement comme ennemies, et que *peregrinus* signifiait *hostis*, le crime, même le plus horrible, commis chez un peuple était effacé chez l'autre, et pouvait même devenir un titre d'honneur : mais ce n'est pas là ce qu'il faut appeler droit d'asile, ce n'est encore que le droit de la guerre.

L'asile au contraire, chez les anciens, tenait à un sentiment profondément religieux et respectable : on disait que les dieux se chargeaient de punir ceux qui imploraient leur miséricorde, et que les hommes ne devaient pas se montrer plus impitoyables qu'eux. Voilà pourquoi c'était auprès des autels, auprès des tombeaux aussi consacrés à la divinité, auprès des statues des empereurs images terrestres des Dieux, que l'on venait se réfugier. C'était pour certains édifices un titre d'honneur de pouvoir être regardés comme lieux d'asile, et une inscription indiquait qu'ils étaient à la fois sacrés et asiles. Cette idée a été parfaitement exprimée par M. Wallon : « Le droit d'asyle, dit-il (1), est un droit d'appel : appel à Dieu de la justice humaine, à l'auteur du droit de l'abus que les hommes en font. C'est donc un droit placé au-dessus du droit commun, non pour le combattre, mais pour le garder ; pour

_____

(1) *Du droit d'asyle*, p. 1.

le suppléer quand il fait défaut, le redresser quand il dévie... » C'est ce qu'explique très-bien Cicéron quand il dit en parlant de ce droit d'asile : « *eorum misereri oportere qui propter fortunam non propter malitiam in miseriis sunt* (1). »

Et quand, pour combattre l'idée que nous venons d'exprimer, on invoque un passage de Tacite où on lit : « *Crebrescebat enim græcas per urbes licentia atque impunitas asyla statuendi : complebantur templa pessimis servitiorum eodem subsidio obærati adversum creditores, suspectique capitalium criminum receptabantur* (2) », c'est faire une étrange confusion ; car l'historien latin parle, non pas du droit d'asile en lui-même, mais des abus auxquels il avait donné lieu. Ces abus, nous ne voulons pas les nier, ils sont inhérents même aux meilleures choses. D'ailleurs les gouvernements de l'antiquité savaient à l'occasion les réprimer avec rigueur. Qu'il nous suffise ici de rappeler la réforme de Tibère : ce prince fit faire une enquête pour contrôler les prétentions d'une foule de temples de la Grèce à jouir des privilèges attachés à l'asile ; l'immunité, reconnue au profit seulement de ceux qui purent justifier d'un droit devant le Sénat, fût attestée par une plaque d'airain placée dans ces édifices.

Si nous avions besoin de preuves pour confirmer ce que nous avons dit du droit d'asile, ne se trou-

---

(1) *De inventione*, liv. 2, ch. 36.
(2) *Annales*, III. 60.

vent-elles pas dans cette circonstance bien remarquable, que le droit d'asile, né dans la religion
payenne, fut recueilli dans toute son extension par
la religion chrétienne. Et pourrait-on comprendre
que cette religion, essentiellemeut morale, aurait
voulu encourager l'impunité même des plus grands
coupables? — Nous tenons à bien préciser ici le rôle
de l'Église, parce qu'il a été aussi méconnu.

L'Église à toute époque a libéralement accordé
sa protection aux faibles et aux malheureux. Elle
s'efforçait d'adoucir leurs souffrances, de leur assurer une position meilleure.

Si l'asile chrétien était ouvert aux criminels, le
rôle de l'Église a varié selon les époques; et toujours elle a pu se placer à côté de la loi civile,
pour en favoriser le progrès et le développement
moral. L'impunité, sauf de rares abus dont on a
eu le tort de faire une règle générale, n'a jamais
été assurée à celui qui se réfugie au pied des autels.

Sous la loi romaine, qui établissait une pénalité
afflictive et dure, le coupable qui entre dans l'asile
obtiendra, s'il le mérite, l'*intercessio episcopalis*.
L'évêque alors s'interposera entre le criminel et
son juge, s'efforcera d'obtenir une diminution de
peine, de lui éviter la mort, et quelquefois même
il sollicitera sa grâce : « *nolo mortem impii sed ut
convertatur et vivat* (1-2). »

---

(1) Esech. XXXIII, 11.

(2) « *Nihil ad Ecclesiam perfugium erat quam clericorum deprecatio
seu intercessio* ». dit Godefroy. Code Théodosien, t. III, p. 375.

A l'époque franque, la pénalité répressive des lois romaines, se trouve remplacée par la *faida* des peuples germains, c'est-à-dire la guerre de famille, héritage de vengeance qui se transmet par succession ; mais cette vengeance pouvait se racheter au moyen de compositions soigneusement tarifées qui en étaient le prix (1). L'Église adoucit ce système grossier de pénalité reposant sur la vindicte privée, et sut tirer parti du système lui-même. Elle s'efforça de rendre les compositions plus fréquentes, pour diminuer le nombre de ces meurtres qui ensanglantaient la société : La composition, que le coupable réfugié au temple devait payer à la victime ou à sa famille, était fixée par les soins des prêtres qui l'imposaient aux parties, en leur faisant jurer de s'y soumettre.

Plus tard, l'Église songea à comprendre la société tout entière dans le privilége qu'elle revendiquait, par l'établissement et l'extension de la *trève de Dieu* et de la *paix de Dieu*. N'était-elle pas alors le seul pouvoir qui pût balancer la puissance féodale ? — La royauté, on le sait, était encore impuissante. — Aussi l'Église rendit-elle au pays et à l'humanité d'immenses services !

---

(1) L'établissement des compositions ne fit pas cesser l'usage de la *faida*, seulement il dut rendre les guerres privées moins fréquentes. La partie lésée pouvait s'adresser à la justice pour faire fixer la composition ; le délinquant en assignant la victime (ou son représentant) devant la justice pour recevoir la composition, échappait à la lutte privée.

Quand les compositions disparurent, faisant place à une pénalité coutumière répressive à l'excès, car le droit barbare en était la source et le fond, le rôle de l'Eglise redevint naturellement ce qu'il était à l'époque romaine; le prêtre faisait promettre avant de livrer le coupable, qu'il aurait la vie sauve et qu'on lui épargnerait toute mutilation.

Mais la société civile s'organisait peu à peu, le pouvoir royal s'affermissait et ramenait l'ordre dans le pays : le droit d'asile parut alors moins utile. François Ier rendit une ordonnance (1539) qui porte : « Toutes personnes contre lesquelles il y aura prinse de corps décernée sur informations faites des cas dont ils seront chargés et accusés, se pourront, quand ainsi sera ordonné par le juge, prendre en franchise et en lieux saints et sacrés, *sauf à les réintégrer s'il y échoit.* » Cette dernière réserve disparût elle-même, et il n'en est plus question dans l'ordonnance de Henri II en 1547.

L'Eglise ne paraît pas avoir opposé de résistance à ces réformes: «On peut juger, dit Montesquieu(1), par le silence du clergé qu'il alla lui-même au devant de la correction, ce qui, vu la nature de l'esprit humain, mérite des louanges. »

Malgré ces progrès, une pénalité dure et grossière resta le fond de notre ancien droit criminel : la mort et la mutilation étaient pratiquées dans

---

(1) *Esprit des Lois,* Liv. XXVIII, ch. 41.

des cas trop nombreux (1); d'autre part, on connaît
les vices de la procédure qui refusait un défenseur
à l'accusé, lui faisait prêter avant l'interrogatoire le
serment de dire la vérité, suivait le système des
preuves légales, enfin admettait la torture qui,
pratiquée chez les Germains, mais seulement contre
les esclaves, effacée à l'époque féodale, rétablie
ensuite par un emprunt malheureux au droit romain dans l'Ordonnance de 1254, resta dans notre
ancien droit, et fut définitivement abolie seulement en 1780 (torture préparatoire), et en 1788,
(question préalable) (2).

Ne peut-on pas se demander, en présence de
l'état de la société même dans les temps modernes,
et de notre législation pénale jusqu'à la Révolution,
si l'asile chrétien n'a pas disparu trop tôt ? Nous
nous associons sur ce point à l'opinion qu'a si élo-
quemment exprimée M. Wallon dans la dernière
page d'un livre que nous avons déjà cité : « S'il est
vrai qu'il vaut mieux épargner le coupable que d'exposer l'innocent à la peine, en France le droit d'a-

---

(1) L'Eglise avait, au Moyen-Age, conçu l'idée d'un régime péni-
tentiaire ; mais cette idée ne pénétra pas dans la législation laïque ; la
prison était peu pratiquée, elle était surtout préventive. — M. de
Valroger à son cours.

(2) Il y avait eu à l'époque franque *les conjuratores* qui disparurent
assez vite. — Les ordalies réprouvées par la papauté cessèrent d'être
prat quées vers le XIIe siècle. — Le duel judiciaire, banni de la justice
royale par Saint-Louis y rentra par une ordonnance rétrograde de
Philippe-le-Bel, et il resta, comme un moyen extrême, dans les cas où
la vérité ne peut être autrement éclaircie; enfin un édit de Henri II
l'abolit. — M. de Valroger à son cours.

syle a été aboli trop tôt..... La loi doit suffire à tous, mait il faut que la loi suffise. Il fallait donc avant de supprimer cet appel au droit divin faire disparaître de la société ce droit de la violence qui, au service des grands du monde, pouvait prendre les formes de la loi. »

Ces considérations nous suffisent pour établir qu'il n'est pas exact de dire, sans donner d'autre raison que l'existence et la pratique du droit d'asile, que l'extradition répugnait visiblement à la conscience des peuples de l'antiquité. Nous allons même plus loin et nous voulons chercher à montrer que, sous une forme ou sous une autre, on peut retrouver dans l'antiquité ce que nous appelons aujourd'hui *extradition*.

Nous ne reproduirons pas, à titre d'exemples, les faits nombreux que Grotius a cru trouver, soit dans l'histoire sainte, soit dans l'histoire grecque, soit dans l'histoire romaine. Ainsi, pour ne parler que de l'un d'eux, il est impossible de regarder comme une demande d'extradition l'injonction des Romains au roi de Bithynie de leur remettre Annibal réfugié dans ses Etats : c'est là purement et simplement un fait de violence brutale, il ne s'agit pas de droit, mais seulement de force.

L'absence de documents bien positifs s'explique naturellement en pensant que dans l'antiquité, par suite de circonstances inutiles à expliquer, les rapports internationaux furent toujours très-rares. .

et que l'application fréquente de l'extradition n'a pu se produire que dans les temps modernes comme nous l'avons établi au commencement de cette étude. Cependant les recherches contemporaines, plus heureuses que celles de Grotius, ont fait revivre un véritable traité d'extradition remontant à une antiquité très-reculée; nous voulons parler d'un traité conclu entre Ramses II, roi d'Égypte et le prince de Cheta. Ce document remarquable porte :

« Si quelques gens s'enfuient, qu'ils soient un, deux ou trois....., et qu'ils viennent..... (vers) (1) le prince de Cheta..... il les fera ramener au Soleil Seigneur de justice.

Quant (à l'homme) qui sera ramené à Ramses-Miamoun, que son crime ne s'élève pas contre lui : que l'on ne fasse (aucun dommage à).... sa maison, ses femmes, ses enfants; (qu'on ne tue pas sa mère, de même qu'on ne le prive pas de ses yeux), de sa bouche, de ses jambes (et qu'aucun crime ne s'élève contre lui),

Qu'on agisse de même si des gens s'enfuient du pays de Cheta, qu'ils soient un, qu'ils soient deux, qu'ils soient trois, et qu'ils viennent trouver le Seigneur Soleil de justice, le grand roi d'Égypte ; que Ramses-Miamoun, le grand roi s'en empare et qu'il les fasse reconduire au grand prince de Cheta.

---

(1) Les parenthèses indiquent les restitutions faites au texte.

(Quant à l'homme qui serait ramené au grand prince de Cheta), que son crime ne soit pas élevé contre lui, qu'on ne détruise pas sa maison, ses femmes, ses enfants; que de même on ne tue pas sa mère; que de même on ne le prive pas de ses yeux, de sa bouche, de ses jambes; que de même on n'élève aucun crime contre lui (1) ».

Le droit romain ne présente-t-il pas lui-même des exemples d'extradition ? Ne peut-on pas citer à ce titre la loi ordonnant de livrer aux ennemis les citoyens qui, au mépris du droit des gens, font violence aux ambassadeurs étrangers ? *Si quis legatum hostium pulsasset, contrà jus gentium id commissum esse existimatur : quia sancti habentur legati : ..... itaque 'eum qui legatum pulsasset, Quintus Mucius dedi hostibus, quorum erant legati, solitus est respondere... (2)* ».

On oppose cependant à l'idée que nous venons d'exprimer cette circonstance bien remarquable du droit criminel des Romains, que tout accusé pouvait jusqu'à la sentence s'exiler volontairement. — Ce droit pouvait s'expliquer dans une république aussi turbulente que la république romaine, où les condamnations étaient trop souvent arrachées au juge par la vengeance des partis ou les violences populaires.

---

(1) Egger : *Etudes historiques sur les traités publics chez les Grecs et chez les Romains*, p. 250.

(2) Dig., loi 17, L, 7.

Mais, ne l'oublions pas, l'exil était loin d'être
l'impunité : cet exil volontaire ne pouvait cesser
que par une loi, il produisait pendant sa durée les
effets civils de l'interdiction *aquæ et ignis* après le
jugement : c'était donc une condamnation antici-
pée. Qu'on se rappelle à cet égard que Cicéron, qui
avait été obligé de s'exiler pour se soustraire à la
vengeance de ses ennemis, eût à subir les épreuves
les plus pénibles, même après son retour, quoique
ce retour ne se fût effectué qu'après le vœu unanime des comices : on sait, en effet, que ses biens
avaient été incorporés au domaine public, et qu'il
dût plaider pour en obtenir la restitution, ce qui
nous a valu le beau plaidoyer *pro domo.* Ainsi donc
l'exil laissait la vie et la liberté à l'individu, mais
Labéon lui-même le considérait comme une condamnation capitale, et nous lisons au Digeste: « *La-
beo existimat capitis accusationem eam esse cujus
pœna mors aut exilium esset.* » De même Paul dit :
« *Publicorum judiciorum quædam capitalia sunt,
quædam non capitalia. Capitalia sunt, ex quibus
pœna mors, aut exilium est,* etc.... (1). »

Faut-il ajouter à tous ces effets civils les peines
morales attachées à l'exil? En effet l'étranger,
dans les idées anciennes qui faisaient dépendre la
nationalité de la communauté de race et de religion, — idées que l'on essaye de réveiller de nos

_____

(1) Loi 2, Dig. XLVIII. 1.

jours quoiqu'elles soient pleines de menaces pour la civilisation — est destitué de toute protection; les dieux le repoussent, les lois ne le garantissent point contre les violences, son meilleur sort est devenir esclave.

Et alors comment aurait-on songé à réclamer un malfaiteur qui s'était soumis par sa fuite à un châtiment plus terrible que la mort elle-même?

D'après tout ce qui précède, il faut reconnaître que l'idée fondamentale de l'extradition existait bien dans les temps anciens; mais cette institution n'a été organisée que dans les temps modernes : alors seulement « elle est devenue une règle normale, l'exécution d'un devoir d'État à État, de peuple à peuple, correspondant à un droit pénal international dont elle consacre à la fois le principe et l'application (1). »

Lorsque la société civile eut établi l'ordre à l'intérieur, elle chercha à étendre son action au-delà même des frontières de chaque État, pour assurer, par des règles positives, le respect universel des idées morales qui sont l'honneur des pays civilisés. Nous aimons à constater que la France a pris l'initiative dans cette question d'humanité.

Ce fut naturellement avec les pays limitrophes

(1) Exposé des motifs du traité Franco-Anglais du 14 août 1876, présenté au Sénat dans la séance du 2 décembre 1876. — *Journal officiel* du 11 décembre 1876.

que le gouvernement français fit les premiers traités d'extradition, car le besoin de la répression le voulait ainsi; puis l'extradition s'étendit, le rayon de sa sphère grandit peu à peu, et ses bienfaits sont tellement appréciés, qu'aujourd'hui les peuples qui avaient résisté s'empressent d'entrer dans le concert international.

Occupons-nous donc d'abord de tracer un rapide tableau des relations européennes en cette matière avant le XIXᵉ siècle, puis nous étudierons les progrès réalisés de nos jours.

1. Par le traité de Paris conclu en mai 1303, entre l'Angleterre et la France, il fut convenu qu'aucun des deux Souverains n'accorderait protection aux ennemis de l'autre (1).

Charles V roi de France signa en 1376 avec le duc de Savoie un traité, où il était dit que tous les malfaiteurs qui avaient fui de Savoie en Dauphiné ou de Dauphiné en Savoie, seraient remis, même s'ils étaient sujets de l'État qui les livre (2).

_____

(1) Fœlix, t. II, nº 331, signale ce traité, mais il n'a pu, dit-il, le retrouver. Voici d'après Clarke, *A Treatise on law of extradition* (deuxième édition, London, 1874, p. 19), la teneur de cette convention : « Item accorde est que l'un ne receptera, ne soustendra, ne confortera, ne sera confort, ne ayde aus enemis de l'autre; ne souffera qe il aient confort, secours, ne ayde (soit de gents d'armes, ou de vitailles ou d'autres choses, queles qe eles soient) de ses terres, ne de sun poair; mais delendra sur peine de forfaiture de corps et d'avoir, et empeschera à tout sun poair, loialment et en bnne foi, que les ditz enemis ne soient receptez, ne confortez es terres de sa seigneurie, ne de sun poair. Ne que il en aient confort, secours, ne ayde (soit de gens d'armes, de chevaux, d'armeur) anzois les fera vender dedens quarante jours apres ce qe il en sera requis. »

(2) Isambert : *Collection des Lois*, V, p. 479.

Le 23 février 1661 un traité fut conclu entre
Charles II et le Danemark, par lequel ce pays consentait à remettre au roi d'Angleterre les individus qui avaient été compromis dans le meurtre
de Charles I.

Les Etats de Hollande remirent à l'Angleterre
quelques régicides' sans qu'il y eût de traité entre
les deux pays. Mais le 14 septembre 1662 un traité
fut signé par lequel la Hollande promettait de livrer
quelques individus exceptés du bill d'amnistie (*ex-
cepted from the english act of indemnity*), et toutes
les autres personnes qui seraient réclamées par le
gouvernement anglais (1).

Par une déclaration, rapportée dans une ordonnance du 17 août 1736, la France et les Pays-Bas
s'engagent à faciliter la remise des malfaiteurs réfugiés d'un pays dans l'autre.

En 1759, un traité pour la remise réciproque de
déserteurs et criminels est signé entre la France
et le Wurtemberg.

Dans la convention du 29 septembre 1765 et dans
l'acte du 15 juillet 1783, la France stipule l'extradition des malfaiteurs, toujours à charge de réciprocité, avec l'Espagne, puis avec le Portugal. Le traité
avec l'Espagne renferme une singularité que nous
devons relever. Le droit d'asile ecclésiastique avait,
à cette époque, depuis longtemps disparu de France,

---

(1) Voir dans Clarke, p. 20, le cas fort intéressant de Burnet réclamé sous l'empire de ce traité par l'Angleterre aux Etats de Hollande.

mais il s'était maintenu en Espagne; l'art. 5 dit en effet : « Il est convenu et déclaré que les malfaiteurs Espagnols arrêtés en France dans un asile ecclésiastique, pour des crimes qui jouissent, en Espagne, de l'immunité ecclésiastique, seront restitués par la France sous la condition que pour ces crimes, ils ne seront pas punis de mort, de même qu'ils ne l'auraient pas été si, en Espagne, ils avaient été arrêtés dans une église; et que l'asile ecclésiastique aura la même force et valeur pour les malfaiteurs français arrêtés en Espagne, lesquels seront livrés à la France, sous la condition qu'ils ne seront pas punis de mort, ainsi qu'ils ne l'auraient pas été en Espagne. »

Enfin nous étions unis au Corps Helvétique par le traité du 28 mai 1777, d'après lequel les deux puissances promettent de se remettre les criminels d'Etat, assassins, ou autres personnes reconnues coupables de délits publics, qui fuiraient du territoire d'une nation sur celui de l'autre.

2. Dans notre XIXᵐᵉ siècle la France a non-seulement renouvelé les traités qui avaient été signés au siècle dernier, pour les rendre conformes aux progrès du droit; elle s'est liée encore par de nouvelles conventions avec la plupart des puissances civilisées : à l'heure actuelle il n'y a guère en Europe que la Russie et la Turquie avec lesquelles nous n'avons pas de traité d'extradition.

Citons parmi les conventions les plus récentes celles qui ont été signées avec le Pérou le 30 septembre 1874,

2

avec la Belgique le 15 août 1874, avec la principauté de Monaco le 8 juillet 1876, avec l'Angleterre le 14 août 1876, enfin un traité vient d'être conclu avec le Danemark.

Nous avons relevé une particularité de la convention avec l'Espagne de 1765 qui reconnaissait formellement l'asile ecclésiastique en Espagne. Dans le dernier traité signé avec cette puissance (26 août 1850) la même prescription se retrouve et presque dans les mêmes termes (art. 9) ; d'où il faut conclure que l'asile ecclésiastique subsiste encore dans ce pays ; et c'est une nouvelle preuve à ajouter à celles déjà données de l'utilité de ce droit, car autrement il eut complétement disparu des traités.

On le voit, l'extradition occupe une place de plus en plus importante dans le droit international. Les discussions dont elle a été l'objet dans presque tous les pays ont fixé les principes ; et nous montrerons que, si quelques points demeurent encore incertains, on est du moins d'accord sur l'utilité de cette institution. « Le principe de l'extradition, a dit M. Rouher (1), est le principe de la solidarité, de la sûreté réciproque des gouvernements et des peuples contre l'ubiquité du mal (2). »

En présence de cette extension remarquable, plu-

---

(1) Discours au Corps législatif, séance du 4 mars 1869.

(2) Pour mieux constater les heureux progrès de l'extradition, signalons quelques données statistiques se rapportant à la France.

sieurs pays ont demandé au législateur des règles positives destinées à consacrer les principes du droit international en matière d'extradition. C'est ainsi qu'en Belgique il y a eu dès 1833 une loi sur l'extradition ; la dernière qui ait été portée sur ce point, dans ce pays, est celle du 15 mars 1874 (1). Aux Pays-Bas nous trouvons la loi du 6 avril 1875 (2). En Angleterre les actes d'extradition de 1870 (3) et de 1873 (4) ont édicté les règles suivies par ce pays dans la pratique de l'extradition.

Nous n'avons en France que des circulaires ministérielles, et c'est insuffisant : la dernière circulaire du garde des Sceaux sur l'extradition, celle du 12 octobre 1875, nous permet d'espérer que bientôt le législateur comblera cette lacune,

---

De 1851 à 1860 il y a eu en moyenne par an 47 extraditions deman-dées, 74 accordées.

En 1872 il y a eu 76 extraditions demandées, 192 accordées.

« En 1874 il y a eu 265 extraditions individuelles, dont 163 avaient été demandées par la France aux puissances étrangères, et 102 auto-risées par elle. Ces dernières comprenaient : 53 Belges, 21 Italiens, 11 Suisses, 7 Allemands, 6 Espagnols, 2 Hollandais, 1 Anglais, 1 Au-trichien. — Les autres avaient été accordées : 70 par la Belgique, 58 par la Suisse, 10 par l'Empire d'Allemagne, 12 par l'Italie, 17 par l'An-gleterre. — Les extradés étaient poursuivis : 111 pour vols ou abus de confiance ; 51 pour banqueroute frauduleuse ; 31 pour faux ; 19 pour assassinat, meurtre, empoisonnement ; 53 pour autres crimes ou délits. — Un décret collectif avait concédé au gouvernement espagnol l'ex-tradition de 936 forçats évadés du bagne de Carthagène, mais 371 seu-lement de ces condamnés ont pu être arrêtés et livrés en 1874. » *Jour-nal officiel* du 12 octobre 1876.)

(1) *Annuaire de législation étrangère*, 1875, p. 404.

(2) *Annuaire de législation étrangère*, 1876, p. 650.

(3) 33 et 34, Victoria, ch. 52. — Voyez dans M. Billot, p. 433.

(4) 36 et 37, Victoria, ch. 60. — Voyez dans M. Billot, p. 459.

et rendra enfin une loi qui était déjà sollicitée par le décret de 1791.

Abordons maintenant une dernière question, celle de la légitimité de l'extradition : ce que nous avons déjà dit facilitera notre tâche. Cette institution a eu bien des adversaires il faut l'avouer ; mais, hâtons-nous de le reconnaître, elle est sortie victorieuse de ces épreuves, et l'histoire des luttes qu'elle a dû soutenir n'offre guère plus aujourd'hui qu'un intérêt rétrospectif.

Comment en effet contester sérieusement la légitimité de l'extradition ? Elle a, on ne peut trop le dire, pour but unique de rendre à un Etat compétent pour le juger ou lui faire subir une peine, l'accusé ou le condamné qui est parvenu à franchir les limites de son territoire.

Or, que l'État requérant ait le droit de demander la remise de ce fugitif au pays étranger, c'est ce que l'on n'a guère contesté, car que fait cet État, si ce n'est poursuivre l'exécution d'un acte de sa justice, et il la poursuit sous la seule forme possible ? — Que l'on ne dise pas qu'il fait acte d'autorité sur le territoire étranger, ce que ne permet pas l'indépendance respective des nations. Non, l'État réclamant n'exerce aucune juridiction dans ce pays, il ne requiert pas, il demande seulement qu'on lui facilite l'exercice de ses droits.

Le droit du pays requis de remettre le malfaiteur

à l'État qui le réclame a été plus contesté, et cependant il n'est pas moins certain. L'État sur le territoire duquel le fugitif a cherché un refuge n'est pas obligé de l'accueillir, le malfaiteur n'a point un droit à l'hospitalité. En vertu de son pouvoir de police, il peut ou ne pas le recevoir, ou, même après l'avoir reçu, l'expulser : peut-il, au lieu de cela, le livrer à une autre puissance? Oui sans doute, car il a un intérêt qui se manifeste à un triple point de vue.

L'État requis trouve d'abord dans l'extradition un avantage général qui lui est commun à toutes les nations. N'est-il pas intéressé à ce que l'ordre soit partout maintenu, les lois respectées, la justice obéie ? « Quel pays n'est pas intéressé à la répression des crimes commis même en dehors de son sein? La solidarité qui lie tous les peuples dans un même intérêt est évidente (1). » Et n'est-ce pas avec raison qu'on l'a dit : l'extradition est comme une assurance mutuelle des États contre les malfaiteurs.

Il y a de plus un intérêt particulier, et, on peut le dire, actuel, pour le pays requis à accorder l'extradition. En effet, par suite de ce rapprochement des peuples dont nous avons parlé, et par le moyen d'une publicité qui ne connaît point de limites : « le crime qui éclate chez une nation retentit chez l'autre; l'impunité qu'elle lui accorde le propage

---

(1 M. Faustin-Hélie. — *Instruction criminelle*, t. II, p. 683.

au-delà de ses frontières (1) »; le besoin de la répression se fait donc sentir, même dans le pays requis,
De plus, on doit répéter avec Beccaria que : « la
persuasion de ne trouver aucun lieu sur la terre où
le crime demeure impuni serait un moyen bien efficace de le prévenir (2). » L'État requis trouve dans
l'extradition un moyen d'intimidation qui est de
nature, croyons-nous, à diminuer le nombre des
crimes,

Enfin l'État requis a, même pour l'avenir, intérêt a prêter son concours à l'État requérant, car,
s'il rend aujourd'hui un service, demain peut-être
il sera obligé de solliciter pour son compte la même
mesure. Il s'assure, que par une juste réciprocité, on
lui rendra les malfaiteurs qui violeraient ses lois
et sauraient se soustraire à leur empire.

De toutes ces raisons, ne découle-t-il pas que
l'extradition est conforme à la loi morale, source
de la justice humaine: « Or les règles de cette justice ne s'arrêtent point aux limites qui séparent les
peuples; elles dominent toutes les nations, elles
planent sur l'humanité entière; les actions qui
blessent la loi morale ont partout le même caractère ; les crimes communs sont partout des crimes,
Il est une justice sociale, universelle, qui résume
toutes les justices nationales; celles-ci peuvent s'en
écarter sur quelques points particuliers, mais elles

---

(1) M. Faustin-Hélie, loc. cit.
(2) Traité des délits et des peines, § 25.

se confondent dans l'incrimination générale et dans la punition de ces attentats que la conscience de tous les peuples a couverts de la même réprobation. Or quelle est la mission du pouvoir social dans chaque société? C'est d'assurer autant qu'il le peut l'application de cette justice universelle qui régit l'humanité; c'est de se servir de toute sa puissance pour en faire observer les règles, pour en réprimer les infractions; ce n'est, en effet, que par cette action incessante qu'il peut aider la société à atteindre le but vers lequel elle gravite sans cesse et qui e t l'ordre moral. Mais ce devoir est-il restreint pour chaque souverain aux limites de son territoire?... Est-ce que la conscience, en pesant les actions, fait une différence entre les nations?... La répression des crimes ne tend-elle pas à assurer les principes que fondent toutes les société?, etc. etc (1). »

Ainsi l'utilité commande l'extradition, la morale la permet; quels seraient donc les motifs à invoquer contre elle? Le malfaiteur fugitif a-t-il un droit quelconque à opposer à la demande dont il est l'objet? Ne perdons pas de vue que cet homme a violé la loi pénale : « dont la force doit suivre tout citoyen comme l'ombre suit le corps (2). » A-t-il en passant la frontière acquis un droit quelconque qui le dispense de rendre compte de son acte à la justice? Par quel effet merveilleux sa fuite aurait-elle

---

(1) M. Faustin-Hélie, *loc. cit.*

(2) Beccaria, *Traité des délits et des peines*, § 21,

effacé l'offense aux lois du pays qu'il quitte? Loin de là, on pourrait dire, au contraire, que sa fuite n'a fait qu'aggraver sa culpabilité, ou du moins qu'elle en est un aveu. Donc la remise du fugitif est un acte de justice et d'utilité sociales.

Si, outre les raisons que nous avons données, la légitimité de l'extradition avait besoin d'une nouvelle preuve, ne la trouverions-nous pas dans cette considération qu'aujourd'hui presque toutes les nations, sans la moindre objection, la pratiquent dans une mesure plus ou moins large? S'il reste encore quelques peuples en arrière, leur adhésion, croyons-nous, ne se fera pas longtemps attendre; et nous n'avons rien à ajouter à ce que nous avons dit des peuples de l'antiquité. N'est-ce pas le cas de dire avec Cicéron : « *consensus populorum lex naturæ putandus est* ».

Le droit de l'État requis de livrer le fugitif est-il pour lui aussi un devoir? Les auteurs sont divisés sur cette question.

Les uns soutiennent avec Grotius, Vattel, que le droit des gens fait au pays de refuge une obligation stricte d'accorder l'extradition.

D'autres invoquent Voët, Puffendorf, Martens, Wheaton, etc. et enseignent que l'extradition est « subordonnée à des considérations de convenance et d'utilité réciproques ; les autorités d'un État, dit-ont, ne sont pas obligées à accorder l'extradition d'un délinquant, à moins qu'il n'existe entre les deux États des traités formels applicables à la matière » (1).

La question est toute de théorie, car si l'État requis voulait repousser la demande d'extradition, qu'est-ce qui le contraindrait à l'accueillir, si ce n'est la guerre ? Aussi, croyons-nous, il faut dire que l'extradition, en l'absence de tout traité, est facultative pour le pays requis. Mais remarquons-le, un refus non motivé blesserait l'intérêt du pays requis lui-même, ferait échec à la justice internationale, et serait une grave violation des obligations morales qui existent entre les nations civilisées (2).

Ceci nous montre déjà pourquoi il y a des traités d'extradition (nous reviendrons sur ce point). Ils fixent les formes à suivre ; évitent les lenteurs et les conflits. En l'absence de traité, en effet, il faudra pour chaque cas toute une négociation diplomatique entre deux États, et on ne sera jamais sûr du résultat, le pays requis ayant la faculté de repousser la demande. Les traités précisent les faits pour lesquels l'extradition sera accordée, de telle sorte qu'on n'a qu'à comparer le traité avec la demande pour voir si la revendication du pays requérant est bien fondée. Et alors, il faut bien le dire, si le fait rentre dans les cas prévus au traité, ce n'est plus pour le pays de refuge une question de courtoisie

---

(1) Fœlix, *Droit international privé*, n° 608.
(2) Clarke, p. 14.

internationale, il a une obligation stricte d'accorder
l'extradition.

Malgré l'utilité et la justice de l'extradition, on
a cependant proposé de la remplacer en étendant
la juridiction nationale à toutes les infractions
commises à l'étranger, même par des étrangers.
Cette idée se trouve indiquée dans un ouvrage
récent que nous avons déjà cité, le traité de
Clarke (1) sur l'extradition. Mais en même temps
qu'il l'expose, l'auteur anglais la réfute par des
raisons qui nous semblent péremptoires.

1° Il y a des pays, notamment l'Angleterre, qui
ne consentiraient jamais à l'admettre, par suite
d'une répugnance invincible pour la juridiction
extraterritoriale.

2° Ce système nouveau serait loin d'avoir la
même utilité que l'extradition : en effet il laisse
subsister les dangers que l'on veut écarter, les
crimes resteront le plus souvent impunis. Que nous
importe par exemple de pouvoir juger un anglais
pour un crime avec lequel nous n'avons rien à faire,
et de savoir que le criminel français pourra être
jugé à Londres à raison d'un fait qui s'est passé à
Paris ? De plus les poursuites seraient difficiles si les
témoins étaient obligés d'aller déposer en pays
étranger.

---

(1) *Loc. cit.*, p. 13.

3° Enfin ce système est injuste; dans la plupart des cas il sera impossible à l'homme malheureux ainsi accusé, d'obtenir les moyens de faire éclater son innocence.

Nous souscrivons complétement à cette opinion et, dans l'intérêt de la justice, il n'y a pas pour nous de meilleur système que l'extradition.

En terminant ce chapitre nous aimons à formuler l'espérance que d'heureux résultats sortiront de la pratique régulière et loyale de l'extradition. L'un de ces avantages sera, selon nous, d'atténuer sinon de supprimer les graves inconvénients de la détention préventive, signalés depuis si longtemps par tous les criminalistes.

CHAPIRE II.

CONDITIONS AUXQUELLES L'EXTRADITION PEUT ÊTRE
ACCORDÉE.

Sur cette matière il faut rechercher :

1º Quels faits peuvent donner lieu à l extradition ;

2º Quelles personnes sont passibles d'extradition.

SECTION PREMIÈRE.

FAITS QUI PEUVENT MOTIVER L'EXTRADITION.

C'est ici surtout qu'apparaissent les développements remarquables opérés de nos jours dans la matière de l'extradition.

Pour en donner de suite une idée, disons que le traité conclu avec l'Angleterre en 1843 prévoyait seulement trois faits susceptibles d'entraîner l'extradition — meurtre, faux, banqueroute frauduleuse ; — tandis que le traité signé avec cette même puissance le 14 août 1876 comprend sous les 24 numéros de l'art. 3 un bien plus grand nombre de cas où l'extradition pourra avoir lieu : citons seulement le n° 20 : « Détournement frauduleux, vol ou recel frauduleux de tout objet, argent ou valeur provenant de vol ou de détournement, » et le n°23 : « Destruction ou dégradation de toute propriété mobilière ou immobilière punie de peines criminelles ou correctionnelles (1). »

Relevons en passant dans ce même traité un crime qui figure pour la première fois dans les conventions d'extradition, nous voulons parler de la traite des esclaves que flétrissait le congrès de Vienne dans une déclaration solennelle (8 février 1815) : « ce fléau qui a si longtemps désolé l'Afrique, dégradé l'Europe, et affligé l'humanité. » Comme le dit le remarquable exposé des motifs de ce traité, présenté au Sénat dans la séance du 2 décembre 1876 : « On ne saurait prendre trop de précautions contre cet odieux commerce qui, traqué partout, n'en persiste pas moins à s'exercer encore dans certaines parties du monde. » Et, dans une séance récente de la Chambre des Communes (16 mars 1877), un député appelait l'attention du gouver-

---

(1) L'acte de 1873 qui augmente la liste des crimes pouvant donner lieu à l'extradition est critiqué en Angleterre où on lui reproche d'aller trop loin. Nous lisons en effet dans Clarke, p. 192 : « *The act of 1873, so extends the schedule of crimes that a treaty might now be made and put in force under which persons should be surrendered for doing wilful damage to a tree, or for boxing a boy's ears in the street.* » L'auteur a besoin de se rassurer car il ajoute : « *Of course it is not likely that such a treaty will be made, but there was no occasion to pass an act of Parliament to make such a folly possible.* » Le n° 23 de l'art. 3 du dernier traité franco-anglais ne lui donne-t-il pas raison ?

nement anglais sur la traite des nègres faite encore en 'Afrique sous pavillon turc et égyptien.
Cependant ce crime est, soit en Angleterre, soit
en France, puni très-sévèrement. En Angleterre
ce fait est assimilé à la piraterie, il entraîne la
peine de mort et de la confiscation des biens (1);
chez nous, outre les pénalités édictées par la loi
de 1831 qui s'élèvent parfois jusqu'à vingt ans de
travaux forcés, il y a le décret du 27 avril 1848
modifié par la loi du 28 mai 1858 qui punit, en
certains cas, la seule possession d'esclaves par la
perte de la qualité de français.

L'extension donnée à l'extradition ressort encore
du rapprochement des deux traités faits avec la Belgique en 1869 et en 1874. Quoique conclu seulement
à cinq ans de distance, le dernier traité s'étend à
une série considérable de délits, que laissaient en
dehors tous les traités, et que la doctrine des pu-
blicistes jusqu'à nos jours n'avait pas osé signaler.

En présence de pareils progrès il y a lieu de se
demander quelles sont les limites vraies du droit
d'extradition ? Elles varieront sans doute suivant
les rapports unissant entre elles les puissances
qui signent un traité ; mais il faudra toujours un
intérêt assez grave pour mettre en mouvement la
diplomatie de deux Etats. On s'explique très-bien
que le traité signé avec la Belgique comprenne un

---

(1) Sect. 9, acte du 24 juin 1824, 5, Victoria, chap. CXIII.

bien plus grand nombre de faits que celui qui a été conclu avec le Pérou. La difficulté des communications résultant de l'éloignement de ce dernier pays, les frais considérables nécessités alors par l'extradition, l'intérêt de la répression moins pressant quand le coupable se trouve à une aussi grande distance du lieu de son crime, toutes ces considérations justifient surabondamment cette différence.

On a justement abandonné le système d'après lequel la remise du malfaiteur fugitif n'était possible que pour les crimes, mais non pour les délits; système qui cependant a eu de nombreux partisans parmi les jurisconsultes, et a été officiellement développé chez nous dans la circulaire de 1841 : « Le fait qui a été commis par l'individu dont on veut obtenir l'extradition doit être puni par la loi d'une peine afflictive ou infamante et constituer un crime..... C'est une règle dont le gouvernement du roi n'entend dans aucun cas se départir. » — Cette réforme est raisonnable et même nécessaire, car en 1863 le législateur a converti en délits correctionnels des faits qui auparavant constituaient des crimes : la culpabilité de celui qui commet ces infractions n'a point diminué. D'ailleurs il serait imprudent à un autre point de vue de dire généralement que l'extradition ne pourrait être obtenue qu'en matière de crimes, car le même fait punissable peut être qualifié crime dans un pays et délit dans un autre : bien plus, il est possible que la législation d'un pays ne contienne pas de division analogue à la division des infractions en crimes, délits et contraventions (1), qui est admise par notre Code.

S'il reste encore des difficultés sur ce point, elles disparaîtront, peu à peu, car les rédacteurs des traités dirigent leurs efforts vers ce but. C'est ce que démontre le dernier traité franco-belge qui s'exprime ainsi dans l'art. 2 : « En matière correctionnelle ou de délits, l'extradition aura lieu dans les cas prévus ci-dessus :

1° Pour les condamnés contradictoirement ou par défaut, lorsque le total des peines prononcées sera au moins d'un mois d'emprisonnement.

2° Pour les prévenus, lorsque le maximum de la peine applicable au fait incriminé sera, d'après la loi du pays réclamant, au moins de deux ans d'emprisonnement ou d'une peine équivalente, ou lorsque le prévenu aura déjà été condamné à une peine criminelle ou à un emprisonnement de plus d'un an (2) » ; et plus clairement encore l'exposé des motifs du dernier traité franco-anglais : « Nous avions songé à remplacer l'énumération détaillée de l'art. 3 par une formule générale spécifiant que l'extradition aurait lieu toutes les fois que le fait délictueux rentrerait, pour l'Angleterre, dans les termes des actes de 1870 et de 1873, et serait qualifié crime ou délit par la loi française, et puni de deux ans de prison au moins. »

_____

(1) Telle est la législation du Danemark. — M. Léveillé à son cours.

(2) Il résulte du dernier traité franco-anglais, que l'extradition est accordée pour certains délits, sans fixation d'un minimum de la peine.

Ainsi donc, il est facile de prévoir que, dans un avenir plus ou moins éloigné, cette tendance triomphera, et que l'on verra dans les traités une formule générale remplaçant les longues énumérations qui y sont insérées. Celles-ci en effet offrent un inconvénient qui est palpable dans le traité franco-anglais de 1876, nous voulons parler de la difficulté qu'il y a d'établir une exacte concordance entre chacun des deux textes du traité ; souvent la langue de l'un des pays contractants n'a pas d'expression similaire correspondante à celle de l'autre (1).

La nouvelle règle, que nous souhaitons de voir se généraliser dans la pratique internationale, n'offre d'ailleurs aucun danger. C'est, en effet, un principe généralement admis, que l'État requis peut légitimement refuser l'extradition, si le fait incriminé n'est pas punissable d'après sa législation pénale. Le traité franco-belge mentionne en termes formels cette condition, article 2: « Dans tous les cas, crimes ou délits, l'extradition ne pourra avoir lieu que lorsque le fait similaire sera punissable d'après la législation du pays à qui la demande a été adressée. »

---

(1) C'est ainsi que le n° 4 de l'art. 3 du traité du 14 août 1876, porte dans son texte français comme équivalent du mot anglais *manslaughter :* « coups et blessures volontaires, ayant occasionné la mort sans intention de la donner; homicide par imprudence, négligence, maladresse, inobservation des règlements. » Notons la portée de ces derniers mots qui visent surtout, dit l'exposé des motifs, les désastres qui se produisent dans les abordages ou qui résultent d'accidents de chemin de fer.

3

Cette clause, dont l'utilité est médiocre dans un traité où tous les faits pouvant entraîner extradition sont spécialement désignés, aurait au contraire une grande importance si le traité se contentait de dire par exemple : « tous les faits entraînant telle peine d'après la législation de l'Etat requérant seront passibles d'extradition. » L'Etat requis serait ainsi assuré que l'extradé ne passerait point en jugement pour des faits licites d'après la législation qui le régit.

Un obstacle toutefois se rencontre dans la constitution de certains pays, où la loi précise et limite les faits susceptibles d'extradition, de telle sorte que le gouvernement ne pourrait pas l'accorder pour d'autres infractions ; mais la difficulté n'est pas insurmontable, et on pourrait stipuler, par exemple, que l'extradition sera accordée pour les faits qui sont frappés de telle peine d'après la loi du pays requérant, et inscrits dans la loi d'extradition du pays requis.

Parmi les infractions qui restent en dehors des traités d'extradition, nous devons signaler *la désertion*.

En France on distingue aujourd'hui la désertion des soldats de l'armée de terre, et celle des marins.

Pour les premiers, on a reconnu que ce fait n'offre pas une gravité suffisante, que parfois il est inspiré par des idées de nationalité, ou même qu'il se lie à des faits politiques pour lesquels, on le dira

bientôt, l'extradition, d'après un principe généralement admis, ne peut avoir lieu : Des Polonais,
par exemple, désertent, pour ne pas servir la
Russie ; des Alsaciens-Lorrains, enrôlés dans l'armée Prussienne, se réfugient en France ; devra-t-
on les livrer à la Russie à la Prusse ? — Ajoutons que
la désertion est une infraction toute spéciale, tant
au point de vue du fait lui-même, que de la juridiction exceptionnelle instituée pour en connaître,
et que la criminalité en est diversement appréciée
selon les pays : dans les uns simple délit, dans
d'autres crime entraînant les peines les plus graves.

Ces considérations justifient la règle que notre
pays s'efforce de faire prévaloir : depuis 1830 le
chef de désertion n'a trouvé place dans aucun
traité conclu par la France (1).

Le principe est tout autre à l'égard des marins
qui quittent leur bord à l'étranger ; et, militaires
ou commerçants, ils seront recherchés pour être
restitués aux représentants de la nation à laquelle
appartient le navire sur lequel ils étaient embar-
qués. La tendance qu'ont naturellement les mate-
ots d'abandonner leur bâtiment lorsqu'ils se trouvent dans un port étranger, les dangers qui résul-
teraient de pareils abus s'ils n'étaient prompte-

_____

(1) Voyez en ce sens une décision du conseil de révision de Paris
du 20 décembre 1861 affaire Sauvé.

ment et sûrement réprimés, expliquent suffisamment cette disposition.

Voici comment s'exprime à cet égard M.
Théodore Ortolan : « Si l'on considère, d'une part,
la nécessité de faire rentrer immédiatement à bord
des navires les hommes qui en composent l'équipage, qui y sont indispensables pour le service, et
dont la désertion pourrait même mettre le navire
hors d'état de naviguer ; d'autre part, ...
.... la propension à la désertion que l'amour du
changement inspire, surtout en temps de paix,
au matelot de toutes les nations, on concevra que
l'observation des formes ordinaires et des lenteurs
inévitables dans ces formes, ait dû faire place à des
mesures plus directes et plus expéditives. Tout
service serait impossible s'il en était autrement (1). »

Remarquons encore une exception saillante aux
règles ordinaires de l'extradition : en général, cette
mesure s'obtient par des négociations de gouvernement à gouvernement ; ici, d'après une pratique
constante, c'est le consul de la puissance à laquelle
appartient le navire qui a le droit de requérir les
autorités locales de rechercher et livrer le déser-
teur. A défaut du consul, c'est le capitaine du
navire qui peut le réclamer.

Si le bâtiment a quitté le port quand le fugitif
est découvert, on le garde jusqu'à ce que le consul

_____

(1) *Règles internationales et Diplomatie de la Mer.* T. 1. p. 312.

trouve l'occasion de le faire partir. D'après certains traités la durée de cette sorte d'emprisonnement a été limitée : par exemple, par suite des conventions faites avec l'Italie elle ne doit pas dépasser trois mois.

Tout ce qui concerne cette extradition exceptionnelle se trouve consigné dans les traités de commerce conclus avec diverses puissances; citons seulement la convention consulaire du 26 juillet 1862 art. 14, et la déclaration du 8 novembre 1872 entre la France et l'Italie, la convention de navigation du 5 février 1873 art. 9 entre la France et la Belgique, etc., etc. (1).

Rentrons maintenant plus spécialement dans notre sujet.

A côté de l'auteur du fait coupable se trouvent souvent d'autres personnes qui par dons, promesses, menaces, etc., l'ont provoqué à cette action, lui ont donné des instructions pour la commettre, lui ont procuré des armes, des instruments, sachant l'emploi qu'il en devait faire; ou encore qui l'ont aidé, assisté dans les faits qui ont préparé ou consommé l'action; en un mot, il peut y avoir des *complices* (art. 59, 60, Code pénal).

Dans notre droit, le complice est, en général, puni comme l'auteur principal : de là naît la ques-

---

(1) Voyez l'ordonnance du 7 novembre 1833, art. 15, et l'ordonnance du 29 octobre 1833 art. 25, 26.

tion de savoir si le complice pourra être extradé au même titre que l'auteur lui-même.

Ce point a été longtemps controversé, et les traités gardaient le silence sur l'extradition des complices : il est vrai que la France souvent, malgré ce silence, obtenait leur remise ; et pour arriver à ce but, elle se fondait sur l'identité de la peine appliquée par nos lois aux complices et aux auteurs principaux. Toutefois, les nations chez lesquelles la complicité n'est pas punie comme le fait principal résistaient, ainsi que cela résulte de la plupart des traités faits jusqu'en 1869.

Mais enfin la règle est devenue presque générale, nous la voyons figurer dans l'art. 1 du traité franco-belge du 15 août 1874, et dans l'art. 3 *in fine* du traité franco-anglais (1) du 14 août 1876 qui s'exprime ainsi : « Est comprise dans les qualifications des actes donnant lieu à extradition la complicité des faits ci-dessus mentionnés, lorsqu'elle est punie par la législation des deux pays. »

Arrivons à un point plus délicat encore, à la *tentative*.

---

(1) L'acte de 1873, sect. III, permet d'accorder l'extradit'on de celui qui se rend complice (*accessory*) avant ou après l'acte principal (*before or after*) en disant que la législation anglaise dans les deux cas le punit comme l'auteur principal. Cette disposition est vivement attaquée par les jurisconsultes anglais, en tant qu'elle permet la remise de celui qui est complice après le fait principal ; et Clarke (p. 193, qualifie ainsi cette partie de l'acte : « ... *could not justify the passing of an act with the monstrous provision that accessories after the fact should be liable to extradition as if they were the principal criminals.* »

L'exécution du crime peut être commencée et se trouver suspendue par suite d'un cas fortuit (1).

Dans notre droit : s'il s'agit de crime, la responsabilité pénale existe, elle est la même que si l'agent avait consommé l'acte coupable ; s'il s'agit de délit, en principe (2) la tentative n'est pas punie; elle ne l'est jamais en cas de contraventions.

L'extradition pourra-t-elle être demandée pour une tentative de crime (ou de délit quand par exception elle est punissable)? Jusqu'en 1869 ce n'est que pour quelques crimes exceptionnels que les traités s'étaient occupés de la tentative; — tentative de meurtre, attentat à la pudeur avec violence. — Pour les autres crimes, certains pays faisaient rentrer la tentative dans les prévisions des traités par la raison de l'identité de la peine, mais rien n'était obligatoire.

Aujourd'hui le droit international est formulé dans des textes précis. En effet, le dernier traité franco-belge porte que l'extradition sera autorisée lorsque les tentatives seront prévues par la législation des deux pays (art. 2). Les mêmes termes se retrouvent dans le traité signé le 8 juillet 1876 avec la principauté de Monaco. Le traité franco-anglais de 1876 toutefois n'admet l'extradition que pour la tentative de meurtre : le motif de cette

---

(1) Si elle est suspendue par la volonté de l'agent il y a impunité complète.

(2 Quand par exception la tentative de délit est punie, les textes spéciaux le disent, par exemple, pour le vol, l'évasion.

restriction se trouve dans l'acte de 1870 qui ne
permet au gouvernement anglais de l'accorder que
dans cette hypothèse.

Examinons rapidement quelques cas qui n'ont
été prévus par aucun traité à notre connaissance.

Dans notre droit pénal, quand l'acte coupable
est achevé, la criminalité est complète, et il n'y a
pas à distinguer s'il a produit ou manqué son effet.
— C'est aussi une règle certaine que la réparation
immédiate et spontanée du mal causé n'efface ni
ne diminue, en droit, la responsabilité de l'agent.

Il en va autrement dans d'autres pays : dans la
législation russe, par exemple, l'agent est moins
puni quand il manque son effet ; et s'il répare spontanément le mal causé, le Code pénal allemand
dispose que la culpabilité se trouve effacée par ce
repentir actif (1). Le gouvernement de ces pays hé-
sitera à nous accorder l'extradition dans de telles
circonstances ; cependant les principes voudraient
que l'extradition ne fût pas alors refusée, car le pays
de refuge n'est pas juge du fait incriminé, comme
nous le verrons.

Ce que nous venons de dire nous conduit à la
question suivante. Si l'extradition est demandée
sur un chef prévu dans le traité, l'État requis,
avons-nous dit, est obligé de l'accorder : mais ne

_____

(1) M. Leveillé à son cours.

peut-il pas y consentir pour d'autres faits, non compris dans le traité, ou même en l'absence complète de traité? En d'autres termes, l'énumération qui figure dans tous les traités est-elle limitative ou seulement énonciative?

La réponse varie suivant le régime politique des diverses nations.

Dans les pays où, comme en Angleterre et en Belgique, la matière de l'extradition est réglée par une loi qui détermine les faits pour lesquels le pouvoir exécutif peut l'accorder, il faut répondre que l'énumération du traité est limitative; le pouvoir exécutif se trouve lié par cette loi.

Il y a d'autres États où les traités d'extradition doivent être approuvés par le pouvoir législatif. Le gouvernement qui voudrait, sous ce régime, accorder l'extradition à raison d'un fait étranger au traité, devrait négocier une convention additionnelle relative à ce fait spécial, et la proposer à la sanction du législateur.

A ce sujet demandons-nous à quelles formes, en France, les traités d'extradition sont aujourd'hui soumis? C'est là une importante question de droit constitutionnel que nous ne pouvons passer sous silence.

Le siége de la difficulté se trouve dans l'art. 8 de la loi constitutionnelle sur les rapports des pouvoirs publics (du 16 juillet 1875). Après avoir posé le principe que le Président de la République négocie et ratifie les traités, cet article ajoute : « Les

traités de paix, de commerce, les traités qui engagent les finances de l'État, ceux qui sont relatifs à
l'état des personnes et au droit de propriété des
Français à l'étranger, ne sont définitifs qu'après
avoir été votés par les deux chambres. Nulle cession,
nul échange, nulle adjonction de territoire ne peut
avoir lieu qu'en vertu d'une loi. »

On voit, par la lecture de cet article, que les
traités d'extradition n'y sont pas littéralement
compris. Ne peut-on pas au moins implicitement les y faire rentrer et les classer parmi les
traités qui sont relatifs à l'état des personnes?

Cela nous semble difficile ; *état des personnes* signifie *nationalité, mariage, filiation* ; et
nous ne pouvons comprendre comment le point
de savoir si tel individu sera dans tel cas extradé,
ou ne le sera pas, pourrait rentrer dans ce qui constitue son état civil ou même politique. Etre prévenu ou condamné, poursuivi ou non poursuivi, ne
constitue pas un état de la personne, ce n'est tout
au plus qu'un accident.

Cependant, dans le rapport fait à l'Assemblée nationale, on lit que les traités d'extradition doivent être implicitement compris
dans l'énumération de l'art. 8, et le rapporteur
ajoute : « C'est ainsi qu'on l'a toujours entendu : on
nous a soumis dernièrement des conventions d'extradition conclues avec la Belgique...... » — De plus
le ministre des affaire étrangères, se fondant sans
doute sur ce passage du rapport, a en effet présenté

à la sanction des chambres les traités d'extradition qui ont été conclus depuis lors (1).

Mais la loi constitutionnelle, que nous avons rapportée, ne dit pas que les traités d'extradition devront recevoir la sanction législative, et certes il n'a pu y avoir oubli sur une matière aussi importante et pleine d'actualité. Si la commission de l'Assemblée eût entendu qu'il en dût être ainsi, elle eût fait un amendement. l'allusion de M. de Laboulaye ne suffit pas : « Ni l'opinion qui y perce sans y être formellement exprimée, ni la condescendance que vient de montrer le ministre des affaires étrangères en présentant aux Chambres plusieurs traités d'extradition auxquels elles ont adhéré presque aussitôt et sans les avoir publiquement discutés, ni la continuation — si prolongée qu'elle fût — de communications courtoises, ne sauraient suppléer à un texte de loi et en tenir lieu » (2).

Quant à l'allegation de M. de Laboulaye, que c'était là une pratique constante, on est bien forcé de reconnaître qu'il y a une erreur de fait.

Sans doute, il en a été ainsi sous l'empire de la

---

(1) C'est ainsi que le traité franco-monégasque conclu le 8 juillet 18:6 a successivement été approuvé par le Snat et la Chambre des députés. *Journal officiel* du 2 mars 1877. Le traité franco-anglais du 14 août 1873 a été approuvé par le Sénat, il est en ce moment soumis à la Chambre des députés où il paraît soulever certaines difficultés.

(2) M. Robinet de Cléry, premier président honoraire de la Cour de Besançon, v' *Journal du Droit International privé*, septembre-octobre, novembre-décembre 1876.

constitution de 1848 portant en termes absolus :
« qu'aucun traité n'est définitif qu'après avoir été
approuvé par l'Assemblée nationale. » Et en effet,
les trois traités d'extradition négociés sous l'empire
de cette constitution :—celui avec le Saxe, du 28 avril
1850 ; celui avec la Nouvelle-Grenade, du 7 avril
1850 ; celui avec l'Espagne du 26 août 1850 ; — ont
été soumis à la sanction législative.

Mais sous l'Empire, comme sous la Monarchie,
l'on agissait autrement, et c'est par un décret ou
une ordonnance que le souverain ratifiait ces
traités.

En 1871, tous les pouvoirs étaient réunis
dans un corps politique, l'Assemblée nationale, et
le pouvoir exécutif s'exerçait sous l'autorité de
l'Assemblée ; il était donc naturel de soumettre les
traités d'extradition à la sanction législative.

Aujourd'ui cet état de choses a disparu ; et il a
été remplacé par un régime de division et de pon-
dération des pouvoirs, pour lequel ce qui s'est passé de 1871 à 1875 ne peut former un précédent.

Notre conclusion est donc, que, si le ministre des
affaires étrangères soumet à l'approbation des chambres les traités d'extradition, c'est de sa part un pur
acte *de courtoisie* ; et que, d'après notre droit constitutionnel actuel, le chef de l'État est certainement
investi du droit de ratifier *seul* de pareilles conventions.

Jusqu'à présent il y a eu entente parfaite
entre les pouvoirs publics : mais nous vivons

à une époque où les discussions naissent souvent des dispositions les plus certaines, et nous
avons cru qu'il n'était point inutile de nous expliquer sur ce point où les difficultés auraient une
gravité particulière, à cause de l'intérêt de puissances étrangères qui serait en jeu. « En politique,
les complications sont toujours possibles, dit
M. Robinet de Cléry, et s'il en survenait, elles don-
neraient actualité à des questions dont en ce moment l'intérêt paraît purement doctrinal. »

Ce point établi, il en résulte que le gouvernement
français peut aujourd'hui accorder l'extradition
pour des faits non prévus dans les traités : l'extradition est un acte de souveraineté, et le gouvernement n'est lié par aucun acte législatif réglant
l'extradition. La seule différence à notre point de
vue entre les deux cas, celui où il y a un traité et
celui où il n'y en a pas (soit d'une manière absolue,
soit relativement au fait pour lequel il s'agit d'accorder la remise du malfaiteur), c'est que le traité
permet à l'État requérant d'exiger impérieusement
l'extradition, nous l'avons déjà indiqué; tandis
qu'en l'absence de traité, ou lorsque le fait n'y est
pas prévu, il peut seulement faire appel à la bonne
volonté de l'État requis.

Une question voisine est celle de savoir si l'extradition pourrait être demandée pour des faits antérieurs au traité? La réponse affirmative nous paraît certaine, malgré quelques doutes exprimés au

sujet du traité franco-anglais du 14 août 1876 qui,
à la différence de celui de 1843, consacre cette règle
nouvelle dans son article 4 (1). N'est-ce point là,
a-t-on dit, un effet rétroactif proscrit par l'art. 2
du Code civil?

Pour nous, il n'y a qu'un malentendu. En
effet, il est bien évident que ce n'est pas le traité
qui déclare le fait illicite, qui édicte la peine, il ne
fait qu'assurer l'exécution d'une loi pénale anté-
rieure. C'est, si l'on veut, une loi de procédure, et
la règle de la non rétroactivité est, on le sait, étrangère aux dispositions de cette nature.

D'autre part, on ne pourrait objecter que l'on
viole ainsi un droit acquis de l'extradé: par sa fuite
il n'a pu acquérir aucun droit; d'ailleurs son extradition n'aurait-elle pas été possible, comme nous
l'avons dit, en l'absence même de tout traité!

Une autre question est de nature à se présenter
souvent quand, par l'effet d'une excuse légale ou
des circonstances atténuantes, les caractères de
l'acte incriminé vont être modifiés. Supposons, par
exemple, qu'il s'agisse d'un délit commis en France,
par un individu qui s'est réfugié en Belgique : le
dernier traité signé avec cette puissance stipule, on
l'a vu, qu'en matière correctionnelle l'extradition
n'aura lieu que si le maximum de la peine appli-

cable au fait incriminé (et prévu dans le traité) est,
d'après la loi du pays requérant, au moins de deux
années d'emprisonnement. Le gouvernement français obtiendra-t-il l'extradition pour un fait répon-
dant bien à cette condition de pénalité, mais sur
lequel va s'élever une question d'excuse tirée par
exemple de la provocation ; si cette excuse est admise, le délit ne serait alors punissable que de six
jours à six mois, art. 326, C. p.?

Le pays requis, croyons-nous, ne doit pas entrer
dans l'examen de ces questions : il a seulement à
rechercher si le fait incriminé rentre *ab initio*, c'est-
à-dire au moment où a lieu la demande d'extradition, dans les termes du traité, sans se préoccuper
des moyens de défense qui pourront être ensuite
présentés. Autrement le pays requis deviendrait
juge du fond même du procès, ce qui est contraire
aux principes de l'extradition, comme nous le verrons plus tard.

A la question que nous venons de traiter s'en
rattache une autre, encore aujourd'hui vivement
débattue. Comment régler, dans le silence des
traités, l'effet de la prescription, soit de l'action,
soit de la peine? Il faut supposer que la prescription est acquise d'après la loi du pays requis, alors
qu'elle n'est pas encore accomplie dans le pays requérant. Le pays requis doit-il néanmoins accorder l'extradition?

Le droit international conventionnel (résultant

des traités) paraît fixé en ce sens qu'il faut, pour régler la question de la prescription, s'attacher à la loi de l'État requis, et, si d'après cette loi la prescription est accomplie, l'extradition sera refusée. Le motif de cette solution se tire sans doute du principe que nous avons reconnu plus haut, savoir que l'infraction, pour motiver l'extradition, doit tomber sous le coup de la loi pénale du pays requis.

Il faut cependant remarquer que les traités, peu nombreux du reste, qui ont tranché la question sont loin de s'exprimer tous de la même manière. Le traité franco-belge de 1874 n'est point absolu; il dit seulement, art. 11: « L'extradition *pourra* être refusée si, depuis les faits imputés, le dernier acte de poursuite ou la condamnation, la prescription de la peine ou de l'action est acquise d'après les lois du pays où le prévenu s'est réfugié (1). » Le traité avec l'Angleterre s'exprime ainsi, art. 11: « Il *ne sera pas donné suite* à la demande d'extradition si, depuis les faits imputés, les poursuites ou la condamnation, la prescription de l'action ou de la peine est acquise d'après les lois de ce même pays (du pays requis). »

Il y a entre ces deux formules une différence qui ne peut échapper. En Angleterre, nous le verrons, l'extradition dépend presque exclusivement du

---

(1) Le traité avec Monaco est conçu dans les mêmes termes

pouvoir judiciaire, et le magistrat doit, dans une certaine mesure, apprécier les faits en se plaçant au point de vue de la loi anglaise : voilà pourquoi, sans doute, les termes du traité franco-anglais sont absolus, tandis que ceux du traité franco-belge ne semblent pas faire de cette règle une nécessité, mais bien une faculté à laquelle le pays requis peut renoncer.

Malgré ces textes, dont on ne peut nier l'importance, en droit rationnel l'extradition est, croyons-nous, possible en pareil cas. En effet, le principe d'après lequel le fait incriminé doit tomber sous le coup de la loi pénale du pays requis ne commande pas la solution contraire. Pour savoir s'il y a prescription, il faut s'occuper de circonstances extérieures, étrangères au fait considéré en lui-même ; et dès lors on comprend que c'est uniquement au pays requérant à les vérifier. Ne se réalisent-elles pas en grande partie au sein de ce pays? C'est là qu'il faut voir si le besoin de l'exemple a disparu, si l'utilité de la répression a cessé d'exister, si les éléments de preuve se sont effacés. Nous revenons ainsi à cette observation que le but de l'extradition est seulement de rendre le prévenu à son juge naturel, et, le pays requis n'étant pas juge du fond de l'affaire, ne doit examiner qu'une seule chose, si la demande porte sur un fait prévu dans le traité.

Mais si, comme nous croyons l avoir établi, la prescription acquise à l'inculpé dans le pays requis seulement ne doit pas mettre obstacle à l'extradition, d'autres circonstances produiront peut-être ce résultat. Examinons donc successivement ce qui arrivera :

1° Si au moment où se produit la demande d'extradition le fugitif est condamné ou poursuivi dans le pays requis,

2° Ou bien encore s'il se produit à la fois plusieurs demandes émanant de divers Etats.

1. Nous supposons d'abord que le malfaiteur fugitif est poursuivi ou condamné dans le pays requis quand arrive la demande d'extradition.

Il va sans dire que si le fait incriminé est précisément celui pour lequel il est poursuivi ou bien condamné dans le pays requérant, — ce qui peut se présenter assez souvent dans les pays où, comme chez nous, la loi pénale est à la fois territoriale et personnelle, — le pays requis refusera l'extradition : à raison, si l'individu est seulement poursuivi, de l'indépendance respective des Etats ; et, s'il a été condamné, en vertu du principe de droit *non bis in idem*. — Le traité franco-anglais de 1876 a cru utile de formuler cette réserve, il dit art. 11 : « Il ne sera pas donné suite à la demande d'extradition, si l'individu réclamé a été jugé pour le même fait dans le pays requis, etc. »

Si maintenant nous nous référons à l'hypothèse où il s'agit de faits différents, il faut dire, avec les derniers traités (voir traité franco-belge art. 9, et franco-anglais art. 13), que l'extradition pourra être

retardée jusqu'à ce que l'individu ait purgé la prévention ou la condamnation.

L'Etat requis statuera de suite sur l'extradition, car s'il devait attendre l'expiration d'une
peine ou d'une procédure peut-être fort longue,
les preuves pourraient dans l'intervalle disparaître ; de plus, il y a déjà un commencement de
satisfaction pour le pays requérant dans la certi-
tude, dès à présent acquise, que le fugitif aura à répondre de son acte devant la justice nationale.
L'Etat requis examinera donc de suite la demande, sans tenir compte de la poursuite ou de la
condamnation dont l'individu est l'objet sur son
propre territoire ; seulement s'il autorise l'extradition, il le fera sous cette réserve que l'inculpé ne
sera remis au pays requérant qu'après avoir satisfait
à la justice du pays où il se trouve. C'est un sursis,
et non point un obstacle absolu à l'extradition.

Le traité franco-anglais paraît bien indiquer que
telle est la marche à suivre quand il dit art. 13 :
« Si l'individu réclamé est poursuivi ou condamné
pour un crime ou un délit commis dans le pays où
il s'est réfugié, son extradition *pourra être différée*
jusqu'à ce qu'il ait été mis en liberté conformément
à la loi. » Il y a un certain vague dans ces expressions : c'est qu'en effet la solution peut varier avec
les hypothèses, et si celle que nous avons donnée
est vraie en général, il y aura peut-être des exceptions dans l'application.

Faisons remarquer un point qui d'ailleurs est

généralement réglé par les traités ; l'individu détenu pour dettes envers des particuliers dans le pays
requis, serait certainement remis à l'Etat qui le
réclamerait pour le traduire devant la Justice à raison d'un fait criminel. Le bon sens suffit pour reconnaître que l'intérêt public prime ici l'intérêt
privé, quelque grave que soit l'importance d'une
dette dont l'exécution est sanctionnée par la contrainte par corps,

Il en serait de même, suivant nous, dans le cas où
l'inculpé serait détenu à raison d'obligations envers
l'Etat requis, Si un Etat étranger demande à la
France la remise d'un individu détenu pour
amende, frais, dommages-intérêts dûs à l'Etat,
en se fondant sur l'accusation d'une infraction
grave, nous pensons que l'extradition devra aussi
être accordée (1).

Cette solution est conforme à la circulaire de
1841 où nous lisons : « Par suite de l'extradition
l'étranger se trouve sous la main de la justice
étrangère, il est complétement à sa disposition,
et l'assurance du paiement d'une dette ne peut
être mise en balance avec l'utilité qu'il y a à punir un malfaiteur ».

D'après les mêmes idées le traité franco-anglais
porte art. 13 : « Dans le cas où il (le fugitif) serait
poursuivi ou détenu dans le même pays (requis),
à raison d'obligations par lui contractées envers

(1) L. 22 juillet 1867 art. 1, 2, 3. — L. 19 septembre 1871 art. 1.

les particuliers, son extradition n'en aura pas moins lieu ».

Le traité franco-belge avait déjà exprimé la même idée dans son article 9. Mais, notons-le bien, cet article se termine• par quelques mots qu'il est important de relever, « sauf à la partie lésée à poursuivre ses droits devant l'autorité compétente ». L'équité paraît commander cette réserve, et ce n'est pas sans étonnement que nous lisons dans la circulaire de 1841 : « si dans un cas pareil des créanciers réclamaient auprès de vous (1), vous n'auriez aucun égard à leurs réclamations ». Nous convenons, il est vrai, que des créanciers ne seraient pas fondés à s'adresser *hic et nunc* aux tribunaux pour faire maintenir leur débiteur en prison, (quoique cependant une telle action ne tende qu'à demander l'exécution de leur propre jugement,) et nous accordons encore que, si pareille demande était faite, le conflit pourrait et même devrait être élevé (2). Mais nous ne pouvons croire que dans tous ces cas les droits des créanciers dans le pays requis ne soient soigneusement réservés ; de telle sorte, par exemple, qu'après avoir purgé les poursuites dont il est l'objet, l'extradé doive subir la contrainte par corps provisoirement suspendue.

Examinons maintenant la coexistence de faits

(1) Cette circulaire est adressée par le garde des Sceaux aux procureurs généraux.

(2) Voyez l'arrêt du du Conseil d'État du 2 juillet 1836.

criminels commis l'un dans le pays requis, l'autre dans le pays requérant. Si le fait pour lequel l'extradition est demandée, a une gravité évidemment supérieure à celle du fait pour lequel le fugitif est poursuivi ou détenu dans le pays requis, nous croyons que l'extradition devra être accordée. Ne serait-ce pas méconnaître l'intérêt de la justice internationale que de refuser, ou même seulement retarder alors l'extradition ? Ne pourrait-on pas même dire que l'ancienne condamnation se confondra avec celle qui va intervenir ? Toutefois nous ne pouvons aller jusque-là ; en effet nous croyons que l'Etat qui livrera l'extradé devra faire alors cette réserve que l'extradé lui sera rendu en cas d'acquittement, ou après qu'il aura subi sa peine dans le pays requérant.

2. Nous arrivons maintenant au cas du concours de plusieurs demandes d'extraditions, émanant de divers Etats.

L'extradition, nous l'avons dit et répété, a pour but de restituer le fugitif à l'autorité compétente pour le juger. Il faut donc que le pays requérant ait compétence pour réprimer l'infraction dont il poursuit la répression.

Mais plusieurs pays peuvent être compétents pour juger une même infraction : la loi pénale en effet n'est pas seulement territoriale, elle est aussi personnelle, au moins dans une certaine mesure; et, dès lors, il est facile de voir comment la question va se présenter. Supposons un crime commis en Angleterre par un Français qui s'est réfugié en Autriche. L'Angleterre compétente *ratione loci* et la France compétente *ratione personæ* art. 5 Code d'Instruction criminelle (I, 27 juin 1866) vont demander son extradition.

Il y a plus ; à raison du même fait il peut se produire trois demandes de puissances compétentes pour le réprimer, Qu'un prussien par exemple se réfugie en Angleterre après avoir commis en Autriche le crime de contrefaçon du sceau de l'Etat français. L'Autriche compétente *ratione loci* va demander l'extradition, la Prusse pourra aussi la réclamer car elle a compétence *ratione personæ*, enfin la France compétente en vertu de l'art. 7 C. I. C, agira de son côté pour obtenir la remise de l'inculpé.

On peut encore supposer que le même individu s'est successivement rendu coupable de faits délictueux distincts, et dans divers pays ; plusieurs puissances pourront en ce cas poursuivre son extradition auprès du pays de refuge, et le nombre des demandes n'est alors limité que par celui des infractions du fugitif.

Que doit faire en pareille occurrence le pays requis ? Nous laissons de côté pour résoudre cette question des considérations qui lui sont étrangères, mais qui, il faut bien le reconnaître, dicteront souvent une solution contraire aux principes ; telles par exemple que des ménagements à observer à l'égard d'un Etat puissant et susceptible, un intérêt politique à sauvegarder, etc., etc.

C'est peut-être à cause de ces difficultés que les traités s'expriment sur ce point en termes peu précis. Le traité franco-anglais du 14 août 1876 est ainsi conçu art. 12 : « Si l'individu réclamé par l'une des hautes parties contractantes, en exécution du présent traité, est aussi réclamé par une ou plusieurs autres puissances, du chef d'autres infractions commises sur leurs territoires respectifs, son extradition sera accordée à l'Etat dont la demande est la plus ancienne en date ; à moins qu'il n'existe, entre les gouvernements qui l'ont réclamé, un arrangement qui déciderait de la préférence, soit à raison de la gravité des crimes commis, soit pour tout autre motif. » Le traité franco-belge est moins précis encore : « Néanmoins, dit l'art. 1er, lorsque le crime ou le délit motivant la demande d'extradition aura été commis hors du territoire du gouvernement requérant, il *pourra* être donné suite à cette demande, etc. (1). »

Nous devons cependant établir les principes d'après lesquels l'État requis, s'il s'attache uniquement à assurer les intérêts de la justice internationale, devra se prononcer.

Il ne suffit pas de dire, comme le traité franco-anglais, qu'on accordera l'extradition « à la puis-

---

(1) Aux termes du dernier traité franco-anglais, pour que l'extradition puisse être accordée, il faut que l'infraction se soit produite sur le territoire de la partie requérante (art. 1). — Le traité franco-belge permet au contraire d'autoriser l'extradition en faveur de l'Etat compétent seulement *ratione personæ*, mais à la condition que « la législation du pays requis autorise la poursuite des mêmes infractions commises hors de son territoire. »

sance dont la demande sera la plus ancienne, à moins qu'il n'existe entre les autres États requérants un arrangement qui déciderait de la préférence. » La règle, en elle-même, est contestable et laisse subsister la difficulté en la déplaçant, car, du désaccord des puissances requérantes, il va peut-être résulter cette conséquence inadmissible, que l'individu prévenu d'un délit léger et d'un crime énorme sera extradé pour le premier fait, et échappera au contraire à la répression pour une infraction bien plus grave. L'intérêt qu'ont toutes les nations d'assurer une bonne justice répressive ne recevrait-il pas ainsi un grave échec? De plus, on le conçoit, il ne doit pas être permis au pays requis de rejeter sur les puissances requérantes le soin de s'entendre à cet égard. Le procédé, s'il est plus commode, manque de dignité et compromet la justice. C'est donc au pays requis à se décider lui seul, dans la plénitude de sa souveraineté, et dans la limite des traités.

Quelle sera en somme la règle déterminante? Le pays requis devra, suivant nous, s'il s'agit de faits différents, s'attacher à la gravité de ces faits, accorder l'extradition à la puissance dont les lois ont éprouvé la plus grave atteinte. La facilité qu'offrirait un État de livrer l'extradé à un autre, après qu'il aura purgé chez lui la prévention ou la condamnation, devra aussi entrer en ligne de compte (1).

Si parmi les pays requérants, et, supposons-le,

_____

(1) Le traité avec l'Italie de 1870, art. 8, renferme ces principes.

tous compétents *ratione loci*, se trouve celui d'où l'inculpé est originaire, devra-t-on voir là une cause de préférence; l'État requis devra-t-il accueillir sa demande plutôt que celle des autres puissances? Nous ne le croyons point; c'est là une circonstance qui ne peut s'imposer d'une manière uniforme à l'État requis; celui-ci, avons-nous dit, doit avant tout consulter l'intérêt de la justice internationale. Nous maintenons donc notre solution.

S'il n'y a qu'un seul fait et plusieurs demandes d'extradition, l'État requis devra surtout tenir compte du caractère de la loi pénale en elle-même.

S'il est vrai qu'elle soit à la fois territoriale et personnelle, il faut bien le reconnaître cependant, elle ne l'est pas à degré égal. Le caractère territorial domine incontestablement, et, selon nous, c'est un motif de préférer la demande de l'État sur le territoire duquel le fait s'est passé. En effet, n'est-ce pas dans ce pays que le besoin de la répression se fait plus vivement sentir? Cet État n'a-t-il pas été plus directement lésé par le fait incriminé, tandis que le pays d'origine ne l'a été qu'indirectement, et que le crime, peut-être, n'y a été connu que par un écho affaibli de publicité?

Est-il besoin, dans le même sens, d'ajouter que c'est dans le pays où le crime a été commis que les premières poursuites ont été faites, les premiers témoignages entendus, les pièces à conviction recueillies, en un mot c'est là le centre de la répression.

DÉLITS POLITIQUES.

Par un revirement remarquable dû aux progrès de la civilisation, l'asile, qui protégeait autrefois les criminels ordinaires, mais se trouvait souvent impuissant vis-à-vis les criminels d'État, couvre aujourd'hui ces derniers à l'exclusion des premiers.

Sans remonter jusqu'à un document assez curieux de notre histoire, nous voulons parler de la lettre adressée par Charles VI au roi d'Angleterre pour lui demander la remise des fauteurs des troubles de Paris (1); sans rappeler même que l'extradition des complices de la mort de Charles Ier fût accordée à l'Angleterre par le Danemark et la Hollande; bornons-nous à ce qui s'est passé dans notre siècle.

L'Angleterre obtint en 1801, du sénat de la ville libre de Hambourg, la remise de trois Irlandais compromis dans l'insurrection de leur pays.

Il est curieux de rapporter à ce sujet la dépêche qu'adressa alors Bonaparte au sénat de Hambourg : « La vertu et le courage sont le soutien des États; la servilité et la bassesse les ruinent. Vous avez violé les lois de l'hospitalité d'une manière qui aurait fait rougir les tribus nomades du désert. » — Et

---

(1) Isambert, *Lois Françaises*, t. VII, p. 401 : « *Illos* dit la lettre, *nobis is urbem nostram Parisiensem sub tuta fide mittere custodia puniendos.* »

malgré ces beaux principes, si fièrement exprimés, trois ans à peine s'étaient écoulés que le même Bonaparte, au mépris de la souveraineté étrangère, en pleine paix, sur de simples soupçons, faisait arrêter a Ettenheim, conduire en France, et fusiller dans les fossés de Vincennes un prince de la maison de Bourbon, le jeune et infortuné duc d'Enghien. Était-ce respecter le droit des gens ? Était-ce faire acte de vertu et de courage ?

Mais rentrons dans notre sujet. D'après les principes actuels du droit international, l'extradition est refusée pour les délits politiques ; et c'est une pratique que nous approuvons sous de certaines réserves.

De Bonald a pu dire dans un beau style : « L'extradition ne doit pas être accordée pour des délits locaux et politiques, et si le droit d'asile n'est pas attaché aux temples, l'univers entier est un temple pour l'homme infortuné (1). »

Nous souscrivons à cette opinion en tant que les auteurs du délit peuvent mériter encore d'être appelés infortunés. En effet, le caractère des faits politiques est difficile à apprécier, et c'est avec beaucoup de sagesse que la circulaire de 1841 s'exprime ainsi: « Les crimes politiques s'accomplissent dans des circonstances si difficiles à apprécier, ils naissent de passions si ardentes, qui souvent sont leur excuse,

_____

(1) *Législation primitive*, Liv. II, chap. XVII. 6.

que la France maintient le principe que l'extradition ne doit pas avoir lieu pour fait politique, etc.»

C'est là le vrai principe. C'est parce que le réfugié politique peut être un vaincu plutôt qu'un
criminel ; parce qu'il n'a cédé souvent qu'à l'en-
traînement de passions trop ardentes sans doute,
mais quelquefois généreuses ; surtout parce que
l'État requérant, trop naturellement disposé à voir
en lui un ennemi, alors que peut-être il n'y a qu'un
malheureux, n'offre pas pour le juger des garanties d'impartialité suffisantes ; pour tous ces motifs, qui ne sont pas les seuls, les nations les plus
civilisées ont maintenu à cet égard l'immunité qui
s'attachait autrefois à l'asile.

. Nous ne nous dissimulons pas que, grâce à cette
espérance probable d'immunité, des gens hardis se
jetteront bien facilement peut-être dans la voie des
révolutions, tandis que, si le châtiment était certain,
ils se soumettraient aux lois de leur pays. Mais, malgré cela, ne perdons pas de vue que le réfugié politique va se trouver obligé de vivre pour toujours
peut-être loin de son pays ; l'exil pour lui, si ses aspi-
rations sont nobles et généreuses, ne sera-t-il pas
la punition la plus sévère?

Pour justifier la faveur accordée aux délits politiques, on a dit quelquefois qu'il serait impossible
à un gouvernement monarchique par exemple, de
livrer des gens qui auraient voulu renverser un
gouvernement républicain, ou réciproquement. Et
on a voulu s'appuyer sur ce qu'en principe général

l'extradition n'est accordée qu'autant que la législation du pays requis punit le fait dont l'extradé s'est rendu coupable.

Ce sont là des raisons plus spécieuses que solides. En effet, au point de vue international, chaque nation est maîtresse de se donner le gouvernement qu'elle préfère, et, monarchie ou république, dès que ce gouvernement est reconnu, le fait de vouloir le renverser par la force, et en dehors des moyens légaux, constitue une culpabilité absolue, même pour les pays ayant un gouvernement de forme différente.

On a dit avec plus de raison qu'il fallait au moins que l'extradition fût utile au pays requis; et, en se tenant dans la sphère où nous avons placé les délits politiques, il n'y a aucune espèce d'utilité pour le pays requis à satisfaire à la demande du pays réquérant. Le réfugié politique, en effet, dangereux dans son pays, peut se trouver impuissant à nuire sur le territoire de l'État de refuge.

Nous devons le dire toutefois, cette règle n'est pas universelle. La Prusse, l'Autriche, la Russie, ont signé un traité qui stipule l'extradition des individus accusés de crime politique; c'est le traité du 4 janvier 1834.

Mais cette pratique est isolée : le traité franco-belge de 1834 art. 3, et le traité franco-anglais de 1876 art. 5 reconnaissent, en termes formels, le principe que nous avons établi. — Cette règle est donc conforme aux principes les plus certains du

droit international ; par conséquent, il est à peine
besoin de le dire, elle doit être observée même en
l'absence de toute clause dans le traité.

L'Etat qui accorde un asile aux réfugiés politiques, ne doit pas leur permettre d'en abuser
en continuant sur son territoire leurs attaques
coupables contre le gouvernement du pays qu'ils
ont quitté : et nous avons vu dans ces derniers
temps plusieurs applications remarquables de
cette idée.

Si la règle existe, son application sera parfois
très délicate. En effet quand un délit est-il politique; quand au contraire est-il de droit commun?
La réponse n'est point facile et chaque auteur a la
sienne. On peut dire, croyons-nous, d'une manière
générale, que le délit politique consiste dans un
fait illicite au moyen duquel on attaque la constitution sociale ou politique d'un pays, par exemple
un complot. Sans doute cette définition manque
de précision ; mais la nature de ces délits est telle
que rien n'est plus difficile que d'en fixer les divers éléments.

Tenons-nous en donc à cette idée générale, et
disons seulement que, dans l'application, elle doit
être entendue d'une manière large : les faits, suivant des circonstances multiples qu'il est impossible de préciser, viendront en modifier la portée.

Et puis, ce n'est pas la seule difficulté: le délit
politique se présentera rarement isolé, il sera souvent lié plus ou moins étroitement à un délit com-

mun : des insurges par exemple envahissent une
boutique d'armurier ; ou encore, un attentat est
commis contre la vie du souverain. Que décider en
pareils cas ?

Le principe paraît simple ; il suffira, est-on tenté
de dire, d'examiner les faits : si l'élément criminel
commun l'emporte, l'extradition devra être accordée, si c'est l'élément politique qui domine, on la
refusera.

Toutefois cette appréciation des caractères du fait
est très-délicate; aussi décide-t-on généralement
qu'en cas de connexité d'un délit politique et
d'un délit commun, malgré la présence de l'élément commun, l'extradition sera refusée. Les derniers traités sont même formels à cet égard. Ainsi
le traité franco-anglais du 14 août 1876 porte dans
l'art. 5 : « Aucune personne accusée ou condamnée ne sera livrée si le délit pour lequel l'extradition est demandée est considéré par la partie requise comme un délit politique ou un fait connexe à un semblable délit, ou si la personne
prouve, à la satisfaction du magistrat de police ou
de la cour devant laquelle elle est amenée par l'habeas corpus, ou du secrétaire d'Etat, que la demande
d'extradition a été faite en réalité dans le but de la
poursuivre ou de la punir pour un délit d'un caractère politique. » Cette clause offre un caractère
absolu remarquable que fait encore ressortir l'exposé des motifs présenté au Sénat ; il nous apprend
en effet que « les parties contractantes ont en-

tendu laisser à la seule appréciation du pays requis
la question quelquefois si délicate de savoir si tel
acte constitue un délit politique ou un fait connexe à
un semblable délit. » Nous verrons en étudiant, à
la suite de ce travail, l'histoire des relations diplomatiques de l'Angleterre en matière d'extradition,
que la préoccupation de ne pas soumettre à l'extradition des faits politiques, a contribué puissam-
ment à retarder l'entrée de cette puissance dans le
concert international sur ce point.

Au cas de complexité, et si nous nous référons à
l'hypothèse de l'attentat contre la vie du souverain
la solution est particulièrement difficile.

Si nous consultons des précédents relativement
récents, nous voyons la Prusse accorder à la France
en 1835 l'extradition de Bardou prévenu de complicité dans l'attentat de Fieschi ; de même la
Suisse en 1845 nous a remis un individu inculpé
de tentative de régicide ; enfin la France elle-
même a livré en 1848 les assassins du duc de
Lichtenstein (1).

La solution n'a pas toujours été sans soulever des
difficultés, et nous allons voir qu'en 1856, à propos
d'un attentat contre la vie de Napoléon III, la question a pu rester indécise. C'est qu'en effet il y a lieu
de se demander si, dans les faits de cette nature,
c'est l'élément politique ou l'élément criminel commun qui l'emporte ? La gravité des intérêts sociaux

(1 M. Billot, p. 113.

5

et politiques compromis par un pareil crime ne nous oblige-t-elle pas à reconnaître qu'il y a là un fait politique au premier chef, dont le crime commun n'est qu'un accessoire ? Ne faut-il pas, au contraire, placer avant tout l'intérêt privé violé, et cet acte n'appartient-il pas essentiellement « à cette classe de faits réprouvés par la morale et qui doivent tomber sous la répression pénale dans tous les temps et chez toutes les nations (1). »

La question, disions-nous, s'est présentée en 1855 dans une affaire célèbre dont voici les éléments principaux : Une machine infernale avait été placée sur le chemin de fer du Nord pour faire sauter le train qui devait transporter l'empereur à Tournay. Deux français réfugiés en Belgique furent arrêtés, sur la production d'un mandat d'arrêt décerné en France, pour attentat contre la personne de l'empereur, et pour tentative d'assassinat sur les personnes de sa suite. Le gouvernement français demanda l'extradition de ces individus sur les deux chefs :

1° De tentative d'attentat,

2° De complot contre la vie de l'empereur.

La Cour de Bruxelles consultée — ainsi le veut, nous le verrons, la loi belge — décida qu'il n'y avait pas lieu à extradition. Le gouvernement belge avait à se prononcer, et sa décision, qu'il n'étoit pas obligé de prendre conforme à l'avis de la Cour,

(1) Arrêt de la Cour de cassation de Belgique du 12 mars 1855.

était attendue avec anxiété; mais alors le gouvernement français retira sa demande.

Le ministère belge, interpellé dans les chambres, répondit qu'il préparait une loi pour déclarer non politiques les attentats contre la vie d'un souverain. Le rapport de cette loi, bientôt après présenté à la Chambre des représentants, contient ce passage : « Le régicide au vœu de tous, doit désormais, en Belgique, être incontestablement réputé homicide. La vie du souverain étranger sera protégée à l'égal de la vie de tout étranger, sans distinction de rang, ni plus ni moins. Faire plus, ce serait en effet ériger le régicide en crime politique par un triste privilége, et admettre ce que tous nous repoussons : l'extradition politique. Faire moins, c'est exclure le prince étranger du droit commun, et sanctionner une injustice. »

Le gouvernement français conclut, peu après le vote de la loi, une convention avec la Belgique (22 septembre 1856) qui porte : « Ne sera pas réputé délit politique, ni fait connexe à un semblable délit, l'attentat contre la personne d'un souverain étranger ou contre celle des membres de sa famille, lorsque cet attentat constituera le fait, soit de meurtre, soit d'assassinat, soit d'empoisonnement. » Cette clause est textuellement reproduite dans le traité du 15 août 1874, art. 3 (1).

---

(1) Le dernier traité Franco-Anglais ne contient aucune clause relative au cas d'attentat contre la vie du souverain.

Nous pouvons en terminant, nous référer aux événements douloureux dont Paris a été récemment le théâtre, et rechercher comment on a résolu les questions auxquelles ils ont donné naissance. Les actes de la lutte, quelque odieuse que fût cette insurrection par son principe non moins que par les circonstances dans lesquelles elle se produisait, constituent, quand ils restent dans les limites avouées par les usages de la guerre, de véritables délits politiques; et nous comprenons très-bien qu'il n'ait pu être question d'extradition pour ces actes. Mais relativement à d'autres faits accomplis sans profit pour la cause de l'insurrection, et qui placent leurs auteurs en dehors du droit des gens, tels que l'assassinat des otages, l'incendie des grands monuments de la France, nous dirons, en leur appliquant un passage d'Ortolan : « Si l'on suppose au contraire des actes réprouvés même par ces usages (de la guerre) qui ne sont point l'observation des pratiques de la guerre, mais qui en sont la violation, que ceux qui prennent part à la lutte politique doivent être les premiers à proscrire : des massacres de parlementaires, des assassinats par haine ou vengeance, l'incendie, le sac ou le pillage de propriétés publiques ou privées dans le but d'assouvir ses passions personnelles ou de s'approprier le butin qu'on y fait.... ces actes n'appartiennent pas à la lutte politique, ils y ont trouvé l'occasion de se produire, mais ils en sont distincts; les vices ou les passions qui jouent leur rôle fussent-ils allumés au

foyer politique ne sauraient en changer le caractère, et ne figureront dans la mesure de la culpabilité qu'au taux ordinaire que leur marque la justice
pénale. Ces actes sont des délits de droit commun ;
tous les partis doivent les répudier sous peine d'en
êtré déshonorés (1). »

Nous ajouterons que toutes les nations doivent
s'associer à l'horreur que soulèvent de pareils faits,
et nous devons regretter bien vivement la résolu-
tion que paraissent avoir prise certaines puissances
de couvrir, en les recevant sur leur territoire, les
individus qui sont sous le coup d'une accusation
pareille. Ne dit-on pas, en effet, que des communications officieuses ont été adressées à divers États,
pour savoir s'ils nous accorderaient l'extradition
des criminels auteurs de faits tels que ceux dont
nous venons de parler ; mais la réponse, paraît-il,
a été telle que le gouvernement français a dû renoncer à formuler aucune demande officielle.

SECTION II.

PERSONNES PASSIBLES D'EXTRADITION.

L'extradition, nous l'avons dit, a pour but de
restituer un individu à l'État qui a compétence
pour le juger ou pour lui faire subir sa peine. Il

---

(1) Ortolan. — M. Bonnier, p. 314.

semble donc qu'une seule condition doive être exigée dans la personne du fugitif, pour qu'il soit passible d'extradition, savoir, qu'il relève de la juridiction de l'État requérant.

C'est là, en effet, le principe qui domine toute la matière. Mais, hâtons-nous de le dire, il comporte de nombreuses et graves dérogations dont nous aurons à apprécier la légitimité.

Il est possible tout d'abord que celui dont on poursuit l'extradition n'appartienne pas par sa nationalité à l'Etat requérant. Un Anglais, après avoir commis un crime en France, se réfugie en Italie. Les tribunaux français ont incontestablement compétence pour le juger, la demande du gouvernement français est donc bien fondée en droit; peu importe que ce malfaiteur ne soit pas le sujet du pays qui le réclame, il suffit qu'il soit constaté qu'il est accusé d'un crime commis sur le territoire de ce pays (1).

Mais ici plus qu'en toute autre matière, il faut tenir compte des ménagements qui sont inséparables de toute action diplomatique. Par suite d'une sollicitude très-légitime, les États sont naturellement portés à étendre hors des limites de leur territoire la protection qu'ils doivent à leurs nationaux. Spécialement au cas d'extradition, leur intervention se justifie par les meilleures raisons:

---

(1) M. Faustin-Hélie, *Instruction criminelle*, t. II, p. 673.

l'État requis a-t-il examiné la demande avec tout le soin désirable? L'Étranger a-t-il trouvé dans cet État des garanties suffisantes pour l'instruction de l'affaire, pour sa défense? Mais pour exercer ce contrôle, il faut que le gouvernement de l'inculpé soit averti des dangers qui menacent son national à l'étranger.

Jusqu'à ces dernières années, les traités faisaient un devoir en pareil cas au pays requis, tantôt de n'accorder l'extradition que si le pays d'origine y consentait, tantôt seulement de consulter ce pays avant de répondre à la demande de l'État requérant.

Les traités les plus récents, au contraire, ne contiennent aucune clause à cet égard (1). On a reconnu sans doute qu'il est difficile et peut-être dangereux de soumettre à des règles invariables l'action de la diplomatie sur ce point, car les convenances détermineront le plus souvent la conduite du pays requis bien plus que les principes abstraits du droit.

Il n'en faut pas moins établir la règle qui découle de ces principes Or, tout en reconnaissant la légitimité de l'usage reçu dans la pratique internationale, d'après lequel le gouvernement du pays requis doit donner, avant d'opérer l'extradition, avis de la demande de remise qui lui est faite au pays auquel

(1) Ce silence est surtout remarquable dans le traité Franco-Anglais de 1876 qui n'est en grande partie qu'une reproduction de celui du 28 mai 1852; or, ce dernier art. 10, imposait au pays requis l'obligation de consulter le pays d'origine de l'inculpé.

appartient l'inculpé; nous n'hésitons pas à dire cependant avec M. Faustin-Hélie que, si le gouvernement du pays tiers peut alors exercer à l'égard du
fugitif « une sorte de tutelle, faire valoir ses intérêts,
et soutenir ses droits, » il ne peut, en refusant son
assentiment, empêcher l'extradition. Le pays requis reste toujours juge de l'opposition, il examine
si elle est fondée; et rien ne s'oppose, en droit, à ce
qu'il passe outre, s'il croit devoir rejeter les motifs
sur lesquels elle repose.

En vain le pays tiers prétendrait-il que l'extradition serait impossible dans les mêmes circonstances,
s'il s'agissait d'un sujet du pays requérant réfugié
sur son territoire: le pays de refuge n'est pas tenu
d'adopter cette manière de voir; la convention qui
lie l'État requérant au pays tiers est pour lui *res
inter alios acta*, il peut donc, malgré les représen-
tations de ce pays, accorder, si les principes du droit
ne s'y opposent point, l'extradition du malfaiteur
fugitif. « Est-ce qu'un gouvernement peut prétendre,
dit M. Faustin-Hélie, couvrir tous ses nationaux
d'une sorte d'inviolabilité et les soustraire à tous les
juges étrangers? Le principe général est la répression des crimes chez tous les peuples : le droit des
gens tend à faciliter cette répression en établissant tous les rapports qui peuvent la garantir, et
la conséquence de ces rapports est le renvoi de tous
les accusés devant les juges compétents pour les
juger. C'est là une de ces règles générales contre
lesquelles il est interdit de lutter. Si l'étranger

avait été arrêté dans le lieu même du crime, son
gouvernement aurait-il tenté de le soustraire aux
poursuites? Or il importe peu qu'il s'agisse de le
juger ou de le livrer au pays qui doit le juger, le
droit d1 gouvernement ne change pas, il ne peut
acquérir plus d'étendue dans un cas que dans un
autre (1). »

L'État tiers peut répondre à l'avis qui lui est
transmis par le pays requis en demandant pour son
propre compte l'extradition du fugitif, il est en
effet compétent *ratione personæ* pour le juger. Ce
point est déjà établi.

Il peut arriver que le fugitif appartienne par sa
nationalité au pays requis lui-même. Que doit faire
ce pays en pareille hypothèse? La question est encore aujourd'hui très-discutée.

Un premier système décide que l'Etat requis doit
repousser la demande, car un Etat ne livre pas ses
nationaux. Cette opinion se fonde à la fois sur les
principes, sur l'histoire, et enfin elle invoque certaines considérations tirées notamment des dangers
du système opposé.

L'argument de principe est puisé dans Grotius :
« Un peuple ou un roi, dit le célèbre publiciste,
n'est pas tenu précisément et indispensablement de
livrer les coupables, mais de les livrer ou de les pu-

(1) M. Faustin-Hélie. loc. cit.

nir (1). » M. Faustin-Hélie écrit aussi : « L'extradition n'a plus de motifs à l'égard des nationaux ; si le
gouvernement est tenu en général de livrer les malfaiteurs étrangers, c'est qu'il n'a sur eux aucune
action ; c'est que, sans cette extradition, leurs crimes
demeureraient impunis, et que l'intérêt de la répression des crimes est l'intérêt commun de toutes les
nations ; mais quand il s'agit de ses propres sujets
le gouvernement n'est plus désarmé. Les tribunaux
sont compétents pour connaître des crimes que ses
sujets auraient commis en pays étrangers. Il lui
appartient de développer ce principe et de lui im-
primer une puissance réelle. L'extradition n'aurait
donc plus de cause légitime. Le jugement du coupable est une satisfaction suffisante donnée au gouvernement étranger (2). »

L'histoire de l'extradition montre que cette règle
est définitivement entrée dans le droit international
et qu'elle y est fort ancienne. Nous la trouvons dans
une déclaration signée en 1736 entre la France (3) et
les Pays-Bas, qui assurait aux Brabançons le droit
de n'être jugés que par les tribunaux de leur pays (4),
bénéfice qui fut étendu par l'usage à tous les sujets
de la maison d'Autriche : les Pays-Bas en vertu de
cette clause durent refuser l'extradition de leurs

---

(1) *Le Droit de la guerre et de la paix*, Liv. II, ch. XXI, § IV, 3.
(2) M. Faustin-Hélie, t. II, p. 663, *Instruction criminelle*.
(3) Voir l'ordonnance du 17 août 1736.
(4) Voir l'ordonnance du 23 juin 1736.

nationaux, la France fit de même par réciprocité, et le principe fût ainsi consacré.

C'est la première fois que la règle apparaît dans les traités. Mais il n'est pas téméraire d'affirmer qu'elle existait depuis longtemps dans le droit public interne des nations. Ni sous la féodalité, où l'indépendance réciproque des souverains était poussée si loin, ni sous la monarchie absolue de Louis XIV, qui ne passe pas pour avoir fait preuve d'une extrême condescendance à l'égard des gouvernements étrangers, l'extradition des nationaux ne pouvait être admise.

Cependant ce principe a reçu au commencement de ce siècle une sorte d'échec; nous voulons parler du décret de 1811 où il est dit art. 1er : « Toute demande en extradition, faite par un gouvernement étranger contre un de nos sujets prévenu d'avoir commis un crime contre des étrangers sur le territoire de ce gouvernement, nous sera soumise par notre grand-juge ministre de la justice, pour y être par nous statué ainsi qu'il appartiendra. »

Mais cette dérogation laisse subsister le principe, car ce décret resta à l'état purement théorique; il ne fut inspiré que par une circonstance particulière : le sentiment public s'était trouvé indigné de l'impunité scandaleuse assurée à deux Français qui, après avoir commis un assassinat en Italie, s'étaient réfugiés en France où la loi ne pouvait alors les atteindre. « Le gouvernement, dit M. Faustin-Hélie, après avoir proclamé en droit que les citoyens français pourraient être livrés à la justice étrangère a reculé en fait devant l'exercice d'une telle faculté. »

Un autre événement a bientôt fait revivre la règle ancienne, la charte de 1814 dit en effet dans l'article 62 : « Nul ne pourra être distrait de ses juges naturels ; » or peut-on dire que le juge naturel d'un Français soit le juge étranger ? Le peut-on surtout depuis que le caractère personnel a été législativement attribué à la loi pénale ? Sans aller jusqu'à dire que la disposition de la charte que nous venons de rappeler ait été écrite précisément pour consacrer l'abandon du principe formulé en 1811, il est impossible de méconnaître qu'elle lui fait une complète antinomie. « La science rationnelle du droit public, dit Ortolan, n'admet pas que le gouvernement puisse livrer le national par voie d'extradition à une autre puissance (1). » Et ailleurs l'éminent criminaliste revient encore sur cette idée : « Notre droit public est que le gouvernement ne peut pas faire l'extradition d'un Français; membre de la nation, celui-ci ne peut être expulsé du territoire que par suite de jugement et de condamnation pénale. Si l'extradition des Français avait été autorisée par le décret du 23 octobre 1811 demeuré d'ailleurs sans exécution, c'est que le Code d'instruction criminelle n'admettait qu'exceptionnellement les poursuites con-

(1) Ortolan. — M. Bonnier, t. I, p. 387.

tre des Français pour crimes commis en pays étranger : aujourd'hui que la législation de 1866 a généralisé le droit de poursuite, en l'étendant même aux délits, on ne peut plus se plaindre de l'impunité qui avait motivé la disposition du décret (1). »

D'après toutes ces raisons il n'est pas étonnant que nous trouvions cette règle formulée dans la circulaire de 1841 : « Les puissances ne consentent pas à livrer leurs nationaux : il en résulte que la France ne peut réclamer que l'extradition d'un Français ou d'un étranger réfugié dans un pays autre que celui auquel il appartient. »

Elle a été souvent rappelée à la tribune, notamment en 1866 lors de la discussion de la loi sur l'art. 6 du Code d'instruction criminelle (2); et elle a passé dans la plupart des traités conclus par la France. Le dernier traité franco-belge la renferme art. 1er; il en est de même du traité franco-monégasque art. 1er, du traité franco-anglais de 1876 art. 2, etc., etc.

A tous ces motifs on peut ajouter des considérations qui ne manquent pas de valeur.

Les lois répressives ne sont pas les mêmes chez tous les peuples. L'État qui livre son national va l'abandonner à une justice dont les principes sont différents de ceux qui régissent sa propre justice.

---

(1) Ortolan. — M. Bonnier, t. II, p. 493.

(2) Voir dans le *Moniteur* du 31 mai 1866, le discours de M. de Parieu.

L'extradé trouvera-t-il devant les tribunaux d'un État étranger l'impartialité nécessaire, et cette mesure d'indulgence qui est un élément essentiel de la justice.

De plus, comme l'a très-bien exprimé M. Faustin-Hélie : « Il répugne à la dignité nationale non pas de reconnaître à une nation étrangère le droit de juger nos citoyens, car si elle les saisit sur son territoire ce droit est incontestable, mais de les lui livrer. Un gouvernement ne peut se faire l'auxiliaire d'une justice étrangère contre ses propres sujets. » Dès le siècle dernier Jousse disait que « ce serait soumettre un véritable sujet du roi à une domination étrangère. »

Et on ne peut trop répéter que si on refuse l'extradition du national ce n'est pas pour lui assurer l'impunité, mais c'est pour le rendre à ses juges naturels, devant lesquels il devra rendre compte de son acte criminel sous la protection de toutes les garanties auxquelles sa nationalité lui donne droit. Et ce n'est pas là certes, une préoccupation étroite et mesquine de nationalité, comme on n'a pas craint de le dire à la tribune française dans la discussion de la loi de 1866.

Dans un second système on dit que la première opinion met un obstacle aux vrais intérêts de la justice répressive. « Le résultat que se propose la répression n'est pas complètement atteint, alors même que la législation du pays de refuge permet de poursuivre le national pour une infraction commise à l'étranger ; il est difficile, loin du lieu du crime, de réunir tous les éléments de preuve et d'arriver sûrement à la découverte de la vérité (1).» Par conséquent le pays requis qui méconnaît cette vérité en refusant au pays du lieu de l'infraction la remise d'un national, manque à ses devoirs envers les États voisins, et compromet l'intérêt général qu'ont toutes les nations à la répression des crimes:

En outre, à l'argument historique du premier système on oppose l'histoire de l'extradition en Angleterre et aux États-Unis. Les Anglais (2) et les Américains consentent à étendre l'extradition aux nationaux. « Ces deux grandes puissances ont cru devoir adopter des vues plus larges et faire une concession à l'intérêt commun que les peuples civilisés ont à la répression des crimes. » — Toutefois on est bien obligé de le reconnaître, l'exemple n'a pas été suivi. La France notamment a toujours résisté, et, bien que nos traités, de 1843 avec l'Angleterre et les États-Unis ne renferment aucune réserve à cet égard, jamais notre pays n'a consenti à leur accorder la remise d'un Français.

Enfin on invoque des considérations que l'on oppose à celles du premier système. « Bien que livré à une juridiction étrangère le national ne se-

---

(1) M. Billot, p. 69.
2) L'acte de 1870 ne renferme aucune prohibition à cet égard,

rait pas dénué de tout recours. La protection de son gouvernement ne le suit-elle pas? En admettant qu'il soit menacé d'une injustice flagrante ou d'une condamnation abusive, son gouvernement n'a-t-il pas le droit et le devoir d'intervenir en sa faveur (1)? »

On ajoute que le premier système répond à une idée de défiance contre la justice étrangère, et cette idée n'est point justifiée; car les deux pays entre lesquels la question s'élève sont peut-être liés par un traité d'extradition, ce traité n'est-il point alors un hommage rendu par chaque pays à l'organisation judiciaire et administrative de l'autre? Si la justice étrangère est partiale ou mal organisée il ne faut pas faire de traité; et, attaquant le principe nouveau de la loi pénale, l'un des défenseurs de ce deuxième système est même allé jusqu'à dire : « La poursuite contre les Français pour faits commis à l'étranger, c'est le retour au principe du servage et du vasselage (2). »

Malgré ces raisons nous adoptons le premier système en disant avec l'exposé des motifs (présenté au Sénat) du dernier traité franco-anglais : « Un jour viendra peut-être où par l'effet du rapprochement des peuples, grâce au progrès des lumières, à l'uniformité des lois et des institutions, cette excep-

---

(1) M. Billot, p. 68.

(2) M. Ernest Picart, *Discours prononcé à la Chambre des Députés* le 31 mai 1866. Voir le *Moniteur* à cette date.

tion n'aura plus de raison d'être, et où tous les malfaiteurs, nationaux ou autres, seront indistinctement livrés à la justice étrangère qui les réclamera.»— Mais, en attendant, il faut suivre dans le présent une règle conforme au sentiment général des nations.

Des difficultés peuvent s'élever au sujet de la nationalité; car dans certains pays elle s'acquiert très-facilement. « Les États modernes, dit l'Exposé des motifs du traité franco-anglais de 1876, ont une tendance universelle à se relâcher des rigueurs et des restrictions des anciennes lois relatives à la naturalisation. Les délais ont été beaucoup diminués, etc. »

Or, que faudra-t-il décider si un individu, après avoir commis un crime, devient le sujet du pays auquel son extradition est aujourd'hui demandée ? Une Anglaise, par exemple, après s'être rendue coupable en Angleterre d'un fait criminel, épouse un Français. Les tribunaux de France sont incompétents pour la juger, puisqu'au moment de l'infraction elle était Anglaise; d'autre part, notre Gouvernement ne peut accorder son extradition puisqu'elle est devenue Française au moment où se produit la demande. L'impunité va donc lui être assurée ?

Cette situation ne pouvait manquer de préoccuper les négociateurs. Aussi les traités récents sont-ils venus apporter un remède à cet état de choses, et le dernier traité franco-anglais décide, art. 2, que : « S'il s'agit d'une personne qui, depuis le crime ou le délit dont elle est accusée ou pour lequel elle a été condamnée, aurait obtenu la naturalisation dans le pays requis, cette circonstance n'empêchera pas la recherche, l'arrestation et l'extradition de cette personne conformément aux stipulations du présent traité (1). »

Un autre procédé fait rétroagir la naturalisation jusqu'à l'époque du crime, et le fugitif est alors jugé dans le pays requis compétent *ratione personæ;* la loi belge du 15 mars 1874, art. 10, a consacré ce deuxième système.

Le premier procédé nous paraît préférable : c'est celui de notre Gouvernement, et cette pratique explique peut-être pourquoi le traité signé avec la Belgique le 15 août 1874 ne règle pas ce point; les négociateurs n'ont sans doute pu se mettre d'accord, les deux pays obéissant à un système différent.

On croit trouver une contradiction dans la clause du traité franco-anglais ; car, dit-on, si vous accordez l'extradition d'un national qui l'est depuis peu, pourquoi ne pas généraliser et l'admettre aussi lorsqu'il s'agit d'un national qui l'est depuis longtemps ? Où est la différence ? La

----

(1) La clause du dernier traité franco-anglais se trouvait déjà dans la convention de 1852, art. 6.

même protection n'est-elle pas due à l'un et à l'autre?

Nous répondrons à l'objection par une maxime bien connue que les tribunaux appliquent souvent en matière de naturalisation : *Fraus omnia corrumpit*. Celui qui change de nationalité uniquement pour échapper aux conséquences d'un acte coupable qu'il a commis dans son ancienne patrie, et pour s'assurer l'impunité au mépris des lois qu'il a violées, celui-là doit être traité comme s'il était resté le sujet du pays qu'il a ainsi doublement outragé.

L'importance de cette question expliquera suffisamment les développements que nous lui avons consacrés.

Il faut examiner maintenant ce qui arrivera s'il s'élève des contestations sur la nationalité du fugitif? Les tribunaux civils trancheront le litige ; seuls ils sont compétents pour connaître des questions d'état. — Signalons seulement un arrêt remarquable de la Cour de Colmar, du 19 mai 1868; il pose en principe que l'action principale appartient alors au ministère public pour porter devant les tribunaux la question de savoir si un individu a perdu la qualité de Français par sa naturalisation en pays étranger. C'est là en effet une question d'ordre public, et dès lors la loi de 1810 a été bien appliquée.

Nous arrivons à une question dont l'intérêt a

sans doute beaucoup diminué mais n'a malheureusement pas complétement disparu : nous voulons parler de l'*extradition des esclaves*.

A cet égard nous nous bornerons à l'étude d'une affaire célèbre : Un navire américain, *la Créole*, était parti le 27 octobre 1841 du port de Richmond pour la Nouvelle-Orléans avec une cargaison d'esclaves. Le 7 novembre les esclaves se révoltent, tuent leur maître, mettent aux fers le capitaine et le second, puis s'emparant de la direction du vaisseau le conduisent à Nassau port du Canada. A la requête du consul des Etats-Unis le gouverneur fit garder *la Créole*; et l'instruction de l'affaire fut déférée à deux magistrats canadiens. Les esclaves furent mis en liberté, à l'exception de dix-neuf soupçonnés d'avoir participé à l'assassinat du maître et à la révolte (1).

Des négociations s'engagèrent alors entre les Etats-Unis et l'Angleterre. Le point contesté était celui de savoir quelle devait être la conduite de l'Angleterre à l'égard des esclaves non accusés d'avoir pris part au crime, et à l'égard des esclaves inculpés?

Pour les premiers la question était celle-ci : l'Angleterre, pays non esclavagiste, par cela seul qu'elle a répudié l'esclavagisme, s'est-elle placée dans un droit des gens distinct de celui des nations qui l'ont conservé?

---

1 Voyez Clarke, p. 110.

En droit, *in apicibus juris*, il faut dire qu'une nation ne peut rien changer aux droits acquis dans une autre nation. Si elle proclame que l'esclave en touchant son territoire devient libre, tout au plus cela peut-il s'appliquer à l'esclave qui vient sur ce sol avec le consentement de son maître. Il n'en peut être ainsi des esclaves dont nous parlons qui n'ont abordé au Canada que grâce au crime de quelques-uns d'entre eux, et bien manifestement contre la volonté de leur maître : « C'est une maxime de jurisprudence générale, écrit à ce sujet Wheaton (1), qu'une loi prohibant l'introduction de certaines marchandises, ne peut être appliquée à des marchandises qui arrivent par suite d'un accident ou d'une force majeure indépendante de la volonté du propriétaire. Si le propriétaire de marchandises dont le commerce est libre d'après les lois de son propre pays, se trouve forcé, en naviguant sur les mers, par la tempête ou par quelqu'autre accident inévitable, à faire relâche dans un port du pays où ces mêmes marchandises sont prohibées, peut-on douter que ce cas serait regardé comme formant une exception sous-entendue à la généralité des expressions du texte de la loi prohibitive..... Supposons qu'aux termes de la législation anglaise tous les noirs fussent esclaves, tandis qu'ils seraient libres d'après la législation américaine, pense-t-on que dans

(1. *Revue étrangère*, t. IX, p. 305.

le cas où des noirs appartenant aux Etats-Unis se trouveraient jetés par la tempête dans un port anglais, ils deviendraient esclaves par ce seul fait? »

La pratique contraire a cependant toujours été admise. Même autrefois, quand la France était esclavagiste, le continent français était un refuge pour l'esclave : « *Fit liber quisquis Galliæ solum cum asyli vice contigerit.* » La doctrine de Wheaton n'est plus admissible aujourd'hui; grâce aux progrès des idées sur l'esclavage, des opinions soutenues il y a trente ans ne pourraient plus l'être à l'heure actuelle.

Toutefois cette règle d'après laquelle : « Toutes personnes sont franches en ce roïaume; et sitost qu'un esclave a atteint les marches d'iceluy, se faisant baptiser, est affranchi (1), reçut un échec considérable dans des circonstances qu'il est intéressant de rappeler.

On demanda qn'il fût dérogé à ce principe afin de permettre aux habitants de nos îles d'Amérique d'envoyer en France quelques esclaves « pour les confirmer dans les instructions et dans les exercices de notre religion (2), et pour leur faire apprendre en même temps quelque art et métier dont les

---

(1) Institutes coutumières de Loysel avec les notes d'Eusèbe de Laurière, édition de MM. Dupin et de Laboulaye, t. I, p. 38.
(2) Comp. la déclaration de mars 1685 ,Code Noir). — Isambert, *Anciennes lois françaises*, T. 19, p. 494.

colonies recevraient beaucoup d'utilité par le retour de ces esclaves (1). »

L'édit de 1716 décida en conséquence que les
esclaves nègres envoyés en France dans ces conditions resteraient esclaves pendant leur séjour dans
la métropole, et devraient retourner dans les colonies quand leurs maîtres le jugeraient à propos. Il
fallait seulement que le maître obtint du gouverneur général ou commandant de l'île une permission
contenant le nom du propriétaire, celui des esclaves, et leur signalement (2).

« A la suite de cet édit, écrit Rossi (3), les esclaves arrivèrent en France par bandes. Paris en
fut inondé, il en fut renvoyé très-peu dans les
colonies, malgré les dispositions qui prescrivaient
de ne les garder en France qu'un certain temps ; et
malgré une autre disposition qui défendait de les
vendre, ni échanger ailleurs qu'aux colonies, il
s'établit ouvertement à Paris, en plein XVIIIᵉ siècle, un marché d'esclaves (4). »

Passons au deuxième cas de notre espèce : les

---

(1) Préambule de l'Edit de 1716 concernant les esclaves nègres des
colonies. — Isambert, t. 21, p. 122.

(2) Art. 2 de l'édit de 1716. — L'art. 3 exige une autre formalité :
« Les propriétaires desdits esclaves seront pareillement obligés de
faire enregistrer ladite permission au greffe de la juridiction du lieu
de leur résidence avant leur départ, et en celui de l'amirauté du lieu
du débarquement, dans la huitaine après leur arrivée en France. »

(3) Cours de Droit constitutionnelle, t. I, p. 506.

(4) L'Ordonnance de 1770 rendue par l'Amirauté Française vint enfin
mettre un terme à ces déplorables abus.

dix-neuf esclaves coupables n'eurent pas à répondre devant la justice du Canada du crime de meurtre contre leur maître ni de celui de violence contre le capitaine et le second : c'est qu'en effet les tribunaux anglais n'étaient à aucun titre compétents pour juger ces faits. Une accusation de piraterie fut portée contre eux, mais l'acquittement était certain, car, comme le reconnaît Wheaton, « pour qu'il y eut piraterie il aurait fallu que les révoltés de *la Créole* après s'être emparé du bâtiment eussent couru les mers pour commettre des déprédations contre toutes les nations sans distinction. »

En ce qui concerne l'extradition de ces esclaves à raison du crime de meurtre dont ils s'étaient rendus coupables, la demande des Etats-Unis, repoussée à l'égard des esclaves qui n'avaient point participé au fait criminel, fut encore rejetée.

Sans nous associer aux paroles de lord Denman qui déclara, dans cette affaire, à la Chambre des Lords « que sans doute leurs seigneuries éprouvaient une vive satisfaction par le fait que deux cents hommes, détenus en esclavage, avaient recouvré leur liberté par la juste application de la force, » il faut bien reconnaître qu'il y a dans cette hypothèse quelque chose de particulièrement délicat. Un pays non esclavagiste ne saurait consentir à livrer un esclave, si le pays requérant doit le maintenir dans sa première condition ; il devra donc, pour accorder l'extradition, exiger que ce pays consente à reconnaître l'inculpé comme homme libre, et à le juger en cette qualité. Et trouvera-t-on un pays esclavagiste qui souscrive un pareil engagement ? L'entente paraît donc bien difficile, et nous n'hésitons pas à dire que dans l'affaire de *la Créole* la conduite de l'Angleterre a été parfaitement correcte.

Au point de vue de l'extradition des esclaves, signalons les conventions qui avaient été conclues par le Brésil avec l'Uruguay (12 octobre 1851) et la Confédération Argentine, d'après lesquelles tout esclave fugitif est passible d'extradition par le seul fait qu'il est esclave, en l'absence même de tout délit. L'Uruguay et la Confédération Argentine, pays non esclavagistes reconnaissent, par cet engagement, l'esclavage au profit du Brésil. Mais ces conventions leur ont été imposées par la force ; et remarquons avec M. Bluntschli que le Brésil a posé en 1871 les bases légales de la libération des esclaves, de sorte que c'est aujourd'hui le droit de toutes les nations chrétiennes.

CHAPITRE III.

PROCÉDURE.

Dans la procédure de l'extradition le gouvernement requérant et le gouvernement requis faisant
tous deux acte de souveraineté, il en résulte qu'il
faut suivre la voie diplomatique ; car de simples
agents, soit du pouvoir exécutif, soit du pouvoir
judiciaire, ne peuvent directement former les relations nécessaires en cette matière.

Déjà consacrée par l'usage, cette règle est formulée
dans un grand nombre de traités, notamment dans
ceux qui ont été conclus par la France avec l'Italie
le 12 mai 1870 art. 4, avec la Belgique le 15 août
1874 art. 4, avec le Pérou le 30 septembre 1874 art.
1., avec la principauté de Monaco le 8 juillet 1876
art. 4, avec l'Angleterre le 14 août 1876 art. 6 et 7.

La circulaire ministérielle de 1841 s'exprimait
déjà sur ce point de la manière suivante : « C'est au
gouvernement seul à agir ; il ne vous est pas permis (la circulaire est adressée aux procureurs généraux) en cette matière, de vous entendre, sous aucun prétexte, avec les agents des puissances étrangères ; vous ne pouvez pas non plus vous adresser
directement aux autorités judiciaires des pays voi-

sins, pour obtenir l'extradition. » — L'acte de 1870 en Angleterre consacre dans la section VII la même pratique.

Il résulte de ce principe que la demande doit être remise par le ministre de la justice au ministre des affaires étrangères ; celui-ci l'envoie à l'agent diplomatique accrédité près du gouvernement étranger qui la remet au secrétaire d'État pour les relations extérieures de ce pays ; et la réponse doit au retour suivre la même filière.

Tout cela, on le comprend, entraînera bien des lenteurs regrettables. Mais, d'un autre côté, cette pratique offre des avantages incontestables ; car, la demande émanant directement du gouvernement, on est assuré que la poursuite est sérieuse, et qu'elle est exercée par une autorité compétente ; autrement la responsabilité du gouvernement requérant se trouverait engagée.

Déjà les lenteurs de cette procédure ont été abrégées pour les colonies : et pour le continent on a trouvé un remède efficace, c'est-à-dire l'arrestation provisoire, qui est aujourd'hui devenue le préliminaire de toute procédure d'extradition.

Arrivons aux détails. Il y a sur cette matière une grande variété entre les divers pays. On peut cependant les diviser en deux grandes classes :

1° Ceux dans lesquels le pouvoir exécutif a un rôle prépondérant.

2° Ceux dans lesquels, au contraire, c'est l'autorité judiciaire qui a la prépondérance.

Chaque État, pour les actes qui doivent émaner de lui, suivra la procédure ordonnée par sa législation. Cette pratique a été critiquée, mais comme elle était déjà formulée dans le traité franco-anglais de 1852 et que celui de 1873 la reproduit en termes très-explicites, l'exposé des motifs présenté à la Chambre des députés le 5 février 1877 (1), répond à ce que l'on a prétendu être un défaut de réciprocité :

« C'est là évidemment le résultat d'une confusion, ou, tout au moins d'un malentendu, la réciprocité en matière internationale ne saurait dépendre de la concordance des lois de procédure des deux pays qui veulent traiter. Avec une pareille doctrine il serait le plus souvent impossible de conclure des conventions internationales, particulièrement sur des sujets de législation. Tout ce qu'on peut demander, c'est que le but à atteindre soit, autant que possible, le même des deux côtés, sans qu'il y ait à se préoccuper des moyens qui peuvent varier. La partie du nouveau traité qui reconnaît et consacre la procédure particulière à chacun des deux États en matière d'extradition, n'est pas autre chose que l'application de la règle de droit : *locus regit actum*, la forme des actes est régie par la loi du lieu où ils sont passés..... Les actes votés par le parlement anglais, pour autoriser le gouvernement de la reine

---

(1) *Journal officiel* du 18 février 1877.

à conclure avec les autres puissances des traités d'extradition dans des conditions déterminées, ayant tracé les règles à suivre, les négociateurs anglais ne pouvaient s'écarter de la procédure indiquée. La conclusion du traité était à ce prix, etc...»

Voyons donc quelles règles sont suivies :

1° En France.

2° En Belgique.

3° En Angleterre.

I. *Formes suivies en France.* — La procédure d'extradition a été pendant longtemps uniquement réglée par le décret de 1811. Il y avait là une véritable lacune, et la circulaire de 1875 est venue apporter quelques modifications qui, sans être suffisantes, constituent cependant un commencement de réforme.

Le traité franco-anglais de 1876, art. 6, trace la marche de cette procédure et on peut la résumer ainsi : L'agent diplomatique du gouvernement étranger remet la demande à notre ministre des affaires étrangères, celui-ci la communique au ministre de la justice qui, après examen des pièces, fait un rapport au chef de l'État, et soumet, s'il y a lieu, à sa signature un décret accordant l'extradition; le ministre de l'intérieur est chargé de l'exécution de ce décret.

On voit que l'extradition relève chez nous presque exclusivement u. voir exécutif, le gouvernement dès lors statuera ul sur la demande.

La circulaire du 12 octobre 1875 parlant du système alors suivi s'exprime ainsi : « Si la demande qui m'est transmise par le ministère des affaires étrangères paraît conforme aux stipulations du traité, un décret est immédiatement préparé, soumis à la signature du président de la République, et notifié au ministre de l'intérieur qui prescrit alors seulement les mesures nécessaires pour en assurer l'exécution. »

Mais depuis cette circulaire l'étranger devra être, immédiatement après son arrestation conduit devant le procureur de la République du lieu de l'arrestation. Ce magistrat interrogera l'inculpé ; procès-verbal de cet interrogatoire sera dressé et transmis, avec l'avis du procureur, les renseignements qu'il a pu recueillir, à la chancellerie : le ministre de la justice trouve dans ces pièces les éléments nécessaires pour prendre une décision en connaissance de cause.

Quelles pièces faut-il fournir à l'appui de la demande ? Cette question, en l'absence d'une loi sur la matière, ne peut être résolue qu'à l'aide des traités et des réglements existants. Mais il faut nécessairement que le gouvernement requérant établisse l'*identité* de l'individu réclamé, la *prévention* ou la *condamnation* qui pèse sur lui, et *la peine* encourue.

(*a*) *Identité.* — La preuve de l'identité est une condition essentielle. Longtemps il en fut autrement ; il en résulta bien des abus constatés par la

circulaire de 1875 : « ....Cette pratique est défectueuse en ce qu'elle ne permet pas au gouvernement
de provoquer les explications de l'individu arrêté,
ni même de vérifier son identité, avant de statuer
définitivement sur la demande d'extradition. » Et
plus loin : « Les mesures que je viens d'indiquer
suffiront, je l'espère, à prévenir désormais toute
erreur sur l'identité des individus qui sont livrés à
la justice étrangère. »

Le gouvernement requis doit donc être exigeant
à cet égard : S'il y a des doutes sur ce point il
demandera des explications nouvelles au pays
requérant et la remise de l'inculpé ne sera autorisée que lorsqu'ils auront disparu. L'art. 6 du
traité franco-anglais de 1876 consacre en termes
formels cette nécessité qui s'imposait sans doute par
la nature des choses, mais qu'il était bon de rappeler :
« S'il arrivait que les documents produits par le
gouvernement britannique pour constater l'identité, et les renseignements recueillis par les agents
de la police française pour le même objet, fussent
reconnus insuffisants, avis en serait donné immédiatement à l'ambassadeur.... de Sa Majesté Britannique en France, et l'individu poursuivi, s'il a
été arrêté, continuerait à être détenu, en attendant
que le gouvernement britannique ait pu produire
de nouveaux éléments de preuve pour constater
l'identité... »

D'après la circulaire de 1875, en effet, l'inculpé,
interrogé par le procureur de la République, peut

prétendre que la demande d'extradition s'applique à un autre individu, et le procureur doit par tous les moyens en son pouvoir vérifier l'exactitude de cette allégation.

Quant aux moyens de constater l'identité il ne peut y avoir rien de bien précis. Le signalement de l'inculpé sera envoyé ; mais, comme il n'y a rien de plus banal et de plus vague que la plupart des signalements de police, il serait bien préférable d'y substituer, toutes les fois que cela sera possible, la photographie du malfaiteur fugitif (1).

A l'identité se rattache la nationalité : Elle doit être constatée, car d'après une pratique à peu près universelle un Etat refuse l'extradition de ses nationaux ; et, d'autre part, lorsqu'une demande d'extradition est formulée par un pays compétent seulement *ratione loci*, il est dans les usages de la diplomatie que le pays requis avertisse le pays d'origine de l'inculpé.

C'est donc avec raison que la circulaire de 1875

---

(1) Les merveilleuses découvertes de la science contemporaine sont de nature à fournir sur ce point de précieuses ressources à la justice répressive. Qu'on nous permette de signaler des expériences très-récentes faites à la préfecture de Police qui ont très-bien réussi. Il s'agit de l'appareil électrique dit autographique, inventé par un italien, l'abbé Caselli ; il donne le moyen de transmettre par le télégraphe, un fac-simile très-exact de l'écriture. On a eu l'idée de reproduire ainsi un portrait ; et le succès a dépassé toutes les espérances. Si donc le gouvernement a le bonheur de mettre la main sur un portrait du fugitif, en quelques minutes il peut le faire parvenir non seulement dans les pays voisins, mais même dans des contrées séparées par l'Océan, grâce aux câbles sous-marins.

recommande au procureur de la République d'examiner avec soin cette importante question.

(b) *Preuve de la condamnation ou de l'accusation.
Indication de la nature du fait, et de la peine applicable.* — En cette matière : « Les autorités du pays
requis n'ont pas à se reporter aux lois du pays
requérant pour vérifier la régularité des documents
produits. En les transmettant par la voie diplomatique le gouvernement requérant en atteste par là
même l'authenticité (1). »

Cette règle s'applique chez nous.

Si la demande d'extradition est fondée sur une
condamnation le gouvernement requérant en transmettra l'expédition. Cette pièce indique les motifs
de la condamnation, la nature du fait incriminé, la
disposition pénale applicable à ce fait, la juridiction
qui a statué, tous points sur lesquels, on l'a vu, le
le gouvernement requis a le plus grand intérêt à être
éclairé.

S'il s'agit d'une *prévention*, notre pays à cet égard
se montre peu formaliste ; on se contente, en effet,
chez nous, du mandat d'arrêt de l'autorité étrangère, ainsi que cela résulte d'ailleurs de l'art. 6 du
dernier traité franco-anglais. Ce mandat d'arrêt
permet au gouvernement d'apprécier le fait incriminé, de vérifier si l'infraction rentre dans les termes du traité, si elle n'est pas politique, enfin quelle
peine est applicable. Cette dernière mention est

---

(1) M. Billot. p. 168.

spécialement utile dans le cas où il existe un traité qui accorde l'extradition même pour des délits, à la condition qu'une peine dont le minimum est écrit dans la convention leur soit applicable.

L'extradition rend un individu à l'Etat compétent pour ··i faire subir une peine ou pour le juger. Par suite de cette idée il faut que l'Etat requérant établisse sa compétence. Ce point sera assez facilement réglé, en général : il suffira que le mandat d'arrêt énonce que le fait a été commis sur le territoire de l'Etat réclamant : de même s'il porte que l'individu appartient par sa nationalité à l'Etat requérant sa compétence est établie.

La procédure organisée chez nous est, avons-nous dit, des plus simples ; c'est ce qui ressortira avec plus d'évidence encore de l'exposition qu'il nous reste à faire du système belge et du système anglais.

II. *Procédure en Belgique* (1). — Ce pays appartient, comme la France, au point de vue de l'extradition, à la catégorie des Etats dans lesquels le pouvoir exécutif a un rôle prépondérant. Il importe de bien connaître les formes suivies dans ce pays, car il y a en France une tendance visible à les imiter.

Disons tout d'abord que si l'autorité judiciaire

(1) C'est aussi, à peu de choses près, le système des pays-Bas (loi de 1875.)

est consultée, le droit, pour le gouvernement, d'accorder l'extradition, n'est pas subordonné à une décision favorable du juge.

Si la demande transmise au ministre de la justice lui paraît fondée, il donne l'ordre aux autorités compétentes de procéder à la recherche et à l'arrestation du fugitif. En France, c'est le ministère de l'intérieur qui fait arrêter l'inculpé; l'autorité judiciaire seule, en Belgique, peut ordonner l'arrestation (art. 3, loi du 15 mars 1874).

La demande et les pièces à l'appui sont adressées au procureur général du ressort dans lequel l'inculpé est arrêté. Ce magistrat saisit la chambre des mises en accusation; le prévenu comparaît devant la cour; l'audience est publique, à moins que le prévenu ne demande le huis-clos.

La Cour n'a pas à juger la culpabilité de l'individu arrêté, elle recherche seulement si la demande d'extradition est régulièrement formée, si elle n'est contraire ni à la loi sur l'extradition, ni au traité. La défense du prévenu doit porter sur les mêmes points; il n'a pas à démontrer son innocence, il doit se renfermer dans les questions que la Cour peut apprécier; ainsi, il peut établir que le fait a un caractère politique, qu'il ne rentre pas dans le traité, que la prescription est acquise d'après la loi belge, etc. Le ministère public combat, s'il y a lieu, le système de l'accusé; et, après ses conclusions, la Cour émet un avis motivé qui est transmis, avec les pièces, au ministère de la justice; le tout doit être fait dans la quinzaine de la réception des pièces par le procureur général.

La décision de la Cour étant un *avis* et non un arrêt, il ne peut être formé contre elle de pourvoi en cassation.

Le ministre de la Justice, éclairé alors par les débats judiciaires et l'avis de la Cour propose, à la signature du Roi, un décret autorisant l'extradition.

Quant aux pièces à produire :

Au sujet de l'identité de l'inculpé, et de la compétence de l'État requérant, il en est comme en France.

Mais quant aux pièces judiciaires qui servent à établir la condamnation ou la prévention, il y a des distinctions à noter :

Si le pays requérant allègue une condamnation contre le fugitif, une expédition du jugement donne toutes les indications nécessaires.

Si le fugitif est seulement prévenu, le gouvernement belge avant la dernière loi exigeait la production de l'arrêt de renvoi de la Chambre des mises en accusation, ou de l'ordonnance de renvoi du juge d'instruction. De là loi de 1874 combinée avec le traité franco-belge de la même année, il résulte que l'extradition peut aujourd'hui être accordée sur la seule production d'un mandat d'arrêt (comp. art. 5, de ce traité).

Cette règle nouvelle facilite l'extradition des malfaiteurs; et comme elle est suivie par presque

tous les autres pays, les traités seront maintenant
établis sur le pied d'une exacte réciprocité ; d'ailleurs on a fait remarquer : « que le plus souvent
elle serait favorable à l'inculpé lui-même qui serait
présent à l'instruction dirigée contre lui, et ne serait plus soumis à une inutile détention préventive
subie pendant que la procédure s'instruirait pour
aboutir à l'un des actes exigés auparavant. Enfin,
cette disposition pouvait seule permettre de conclure des traités avec certains Etats, comme les
Etats-Unis de l'Amérique du Nord, dont la législation ne permet pas de rendre une sentence contre
un absent. L'absence de traité faisait que les criminels des Etats-Unis recherchaient particulièrement la Belgique et réciproquement (1). »

III. *Procédure en Angleterre.* — Ici le pouvoir
judiciaire a un rôle prépondérant : « Le pouvoir
exécutif n'apparaît que pour exécuter la décision de
l'autorité judiciaire, qui reste en réalité maîtresse
de la question de savoir si l'extradition doit être
accordée ou refusée (2). »

La procédure est réglée par l'acte de 1870, dont
l'art. 8 du dernier traité franco-anglais ne fait que

---

(1) Note de M. Renault sur l'art. 3 de la loi belge du 15 mars 1874.
Annuaire de législation étrangère 1875, p. 408.

2) Exposé des motifs du traité franco-anglais présenté au Sénat.

résumer les dispositions. Voici la marche générale :

Un secrétaire d'Etat examine sommairement l'affaire : s'il pense que le délit n'a pas le caractère politique et que la remise du malfaiteur fugitif peut être accordée, il signifie la demande au président de la Cour métropolitaine siégeant à Bow-Street par un ordre revêtu de sa signature et de son sceau, et le requiert de lancer un mandat d'arrêt : *requires him to issue his warrant for the apprehension of the fugitive criminal* (acte de 1870, sections VII, XXVI). Sur cet ordre, et après avoir obtenu la preuve qui serait nécessaire, dans son opinion, pour justifier la délivrance du warrant, si le crime avait été commis, ou le criminel condamné en Angleterre, le magistrat de police lance son mandat d'arrêt. L'inculpé est traduit devant le magistrat qui connaîtra de la cause de la même manière, et avec les mêmes pouvoirs, que si le prévenu avait été amené devant lui à raison d'un crime commis en Angleterre. Le magistrat examine, par tous les moyens de preuve qui sont à sa disposition, si le crime est politique, ou n'est pas un de ceux pour lesquels l'extradition peut être accordée : *if is not « an offence of a political character or is not an extradition crime »* (sect. IX).

Remarquons, en passant, que les individus condamnés par contumace dans l'État requérant, sont regardés en Angleterre comme des personnes simplement accusées ; car la loi anglaise ne permet de condamner un inculpé que s'il est présent au juge-

ment (1), (art. 7, c. traité franco-anglais de 1876,
sect. XXVI, acte de 1870).

Dans le cas d'une condamnation (contradictoire)
ou d'une accusation à la charge du malfaiteur fugitif, si les preuves fournies sont de nature à justifier, d'après la loi anglaise, la mise en jugement du
prévenu, — « *If such evidence is produced as would,
according tho te law of England, justify the commit-
tal for trial of the prisoner if the crime of which he
his accused had been committed in England* » —
alors le magistrat de police le renverra en prison ;
dans le cas contraire, il le fera mettre en liberté
(sect. X).

En renvoyant le criminel en prison, le magistrat de police doit l'informer qu'il ne sera remis
à l'Etat requérant qu'au bout de quinze jours, et
qu'il a le droit d'appeler de la sentence en demandant un writ d'*habeas corpus*.

Après l'expiration de quinze jours, ou, si un
writ d'*habeas corpus* a été accordé, après la décision
de la Cour du Banc de la Reine, renvoyant l'inculpé en prison, le secrétaire d'Etat peut lancer
un mandat qui ordonne la remise du fugitif à toute
personne dûment autorisée par l'Etat étranger à
recevoir le criminel (sect. X).

Examinons maintenant quelles pièces doivent

---

(1) Voy. dans Clarke, p. 159, une discussion intéressante qui se produisit en 1866 devant les magistrats anglais, dans le cas de Charles
Dubois dit Coppin, dont l'extradition était demandée par la France.

être fournies par l'Etat requérant, et disons de suite que la demande présentée au secrétaire d'Etat n'a besoin d'être accompagnée d'aucune copie de dépositions, ni même d'un mandat d'arrêt délivré dans l'Etat étranger; le secrétaire d'Etat a seulement l'habitude d'exiger quelques indications de nature à rendre le crime vraisemblable « *some prima facie evidence of guilt* », ou quelque preuve de la condamnation rendue dans l'Etat étranger (1).

Allons maintenant devant le magistrat :

Le fugitif est-il réclamé comme condamné? Il suffit de produire la preuve de la condamnation et de l'identité. Les certificats ou documents judiciaires étrangers énonçant le fait de la condamnation seront admis comme preuves justificatives (sect. XIV).

S'il s'agit d'un accusé, un mandat étranger décrétant l'arrestation du criminel doit être produit. On y joindra les dépositions et déclarations faites sous serment à l'étranger.

Ces pièces, sentence de condamnation, mandat d'arrêt, dépositions, doivent être légalisées : mais elles seront considérées comme telles si elles portent la mention qu'elles ont été signées et certifiées par le juge ou magistrat étranger de qui elles émanent, et si l'authenticité de ce certificat est constatée sous serment par un témoin, ou par le sceau officiel du ministre de la justice ou d'un autre ministre.

<hr>

(1) Clarke. p. 177.

« Tout tribunal, juge et magistrat, reconnaîtra judiciairement ce sceau officiel, et admettra comme pièces probantes les documents ainsi légalisés. » (Sect. XIV, XV).

De tout ce que nous venons de dire, résultent deux traits essentiels qui distinguent la procédure anglaise.

1º Si l'autorité judiciaire décide qu'il n'y a pas lieu d'accorder l'extradition, et met en liberté l'individu arrêté, le Gouvernement ne peut passer outre et remettre le fugitif à l'État requérant. Si le magistrat renvoie le prévenu en prison et décide qu'il y a lieu d'autoriser l'extradition, le Gouvernement peut l'accorder, mais reste maître de la refuser (sect. XI). L'acte du gouvernement Britannique accordant l'extradition est donc bien réellement, comme nous l'avons dit, subordonné à une sentence favorable du magistrat.

2º L'examen auquel se livre l'autorité judiciaire diffère de celui qui est fait en Belgique, où, nous l'avons vu, la Cour n'a pas à apprécier la culpabilité plus ou moins probable de l'individu réclamé, mais seulement les conditions extérieures, si l'on peut ainsi parler, de l'extradition : si le fait est prévu par le traité, s'il n'est pas politique, si l'individu poursuivi n'est pas Belge, etc. — Le rôle du magistrat anglais est tout autre : mais il ne faut pas aller trop loin et dire, comme on l'a fait quelquefois, qu'il juge le malfaiteur fugitif et n'autorise l'extradition que quand sa culpabilité est évidente.

Tout au plus peut-on dire que le magistrat statue comme le ferait une juridiction d'instruction; la formule exacte se trouve dans l'acte de 1870 et dans le traité franco-anglais de 1876 : les circonstances doivent être telles que le magistrat renverrait le prévenu devant le jury si le fait s'était passé en Angleterre (Sect. X, acte de 1870; « si la preuve produite, dit le traité, art. 7, est de nature à justifier, selon la loi anglaise, la mise en jugement du prisonnier, dans le cas où le fait dont il est accusé aurait été commis en Angleterre, etc. »

C'est pour cela qu'il faut envoyer en Angleterre des pièces spéciales, les procès-verbaux du juge d'instruction, les copies des dépositions, des déclarations sous serment, etc. (V. art. 8 de ce traité.)

Du reste, on a beaucoup discuté sur le devoir du magistrat anglais. On trouve à cet égard, dans le procès-verbal d'une Conférence diplomatique tenue à Paris, le 8 février 1866, pour arrêter un amendement qu'on voulait introduire dans le traité de 1843 entre la France et l'Angleterre, des renseignements importants : « On examina alors la question de savoir jusqu'à quel point était fondée l'idée généralement admise en France, que, dans un cas d'extradition, les magistrats anglais jugent actuellement le prévenu, et on montra que cette idée était fausse. Le prisonnier amené devant le magistrat est admis à la vérité à dénier son identité avec la personne nommée dans le warrant, et

de plus est fondé à demander lecture des dépositions mises à sa charge; mais il ne lui serait pas
permis de contredire l'exactitude de ces dépositions, ni de produire devant le magistrat des
preuves à décharge : « but he would not be permitted
to controvert the truth of the depositions, or to pro-
duce before the magistrate exculpatory evidence(1). »

Dans les États-Unis, la procédure est à peu près
la même qu'en Angleterre; il suffira de relever quelques nuances.

Notons d'abord un point important; c'est qu'il
faut distinguer si la demande émane de la France
ou de l'Angleterre. Cette distinction s'explique
sans doute par l'opposition qui existe entre la
procédure pénale américaine et la nôtre, et par
l'analogie de cette procédure pénale américaine avec
celle de l'Angleterre :

Si la demande d'extradition est adressée aux
États-Unis par l'Angleterre, il n'est pas nécessaire
qu'un mandat d'arrêt ait été lancé en Angleterre,
ni qu'il y ait eu aucune procédure dans ce pays; le
ministre des États-Unis exige *prima facie* la preuve
du crime de l'inculpé, mais une plainte formée par
le Consul anglais est regardée comme suffisante.

Au contraire, si la demande émane de la France,
il doit être démontré que le fugitif se trouve sous
le coup d'une accusation portée dans ce pays; la

(1) Clarke, p. 184.

production d'un mandat d'arrêt, même sans aucune preuve à l'appui, a été acceptée comme suffisante, mais elle est nécessaire (1).

Cela dit, traçons rapidement la marche de la procédure : le secrétaire d'État des États-Unis pour les affaires étrangères examine la demande, et décerne, s'il y a lieu, un mandat qui permet au gouvernement requérant de saisir un magistrat compétent.

A la différence de ce qui se passe en Angleterre, l'affaire s'engage, devant le magistrat des États-Unis, par une plainte sous serment formée par un représentant du pays requérant qui accuse l'inculpé d'avoir commis, dans la juridiction de l'État étranger, telle infraction prévue au traité. Le magistrat examine si l'infraction rentre dans les termes du traité, si elle n'a pas le caractère politique, et il décerne un mandat d'arrêt. A partir de ce moment la procédure suit la même voie qu'en Angleterre.

Il y a cependant une différence relative aux pièces que doit produire le pays requérant. Ce sont les mêmes que celles exigées par l'Angleterre, mais la légalisation est ici particulière : la signature du magistrat étranger doit être certifiée par le ministre de la justice du pays requérant, celle du ministre de la justice par le ministre des affaires étrangères, celle du ministre des affaires étrangères

1) Clarke, p. 181.

par le principal agent diplomatique des États-Unis
résidant dans le pays (1). »

Après tous ces détails, il reste à parler d'une mesure importante que nous avons déjà indiquée.
Quelle que soit la forme de l'extradition, il s'écoule
toujours un certain temps entre la demande du
pays requérant et la réponse du pays requis. N'est-
il pas à craindre que le malfaiteur, pressentant
peut-être la poursuite dont il est l'objet, et profitant
de ces délais, ne quitte le territoire sur lequel il a
cherché un refuge. Il pourrait arriver ainsi que le
coupable pût déjouer indéfiniment les poursuites en
passant à temps d'un pays dans un autre. C'est un
danger auquel il faut parer, et le moyen se trouve
dans l'*arrestion provisoire*.

Le pays requis, averti de la présence du malfaiteur fugitif, l'arrêtera d'ores et déjà, pour qu'il at-
tende en lieu sûr la demande d'extradition dont il
doit être l'objet.

Mais la liberté individuelle de l'étranger est
en cause, et sans partager complétement l'opinion
d'un publiciste contemporain qui a dit : « La
quantité de liberté et de sécurité accordée par chaque État aux résidents étrangers est en propor-
tion constante avec les garanties que cet État accorde à la liberté et à la sécurité de ses propres ci-

---

(1) M. Billot, p. 176.

toyens (1), » nous reconnaissons que c'est une
mesure fort grave qu'il faut entourer de précautions suffisantes pour prévenir les abus. La solution, au reste, varie avec les différents pays.

France. — Aucune disposition législative ne
donne chez nous, d'une manière positive, au gouvernement le droit d'arrêter un étranger. Il peut
seulement y avoir ordre d'expulsion en vertu soit de
l'art. 272, C. p., soit de la loi de 1849 art. 7. Cependant le gouvernement n'a jamais hésité à ordonner
l'arrestation de l'étranger dont on lui demande
l'extradition, et on ne lui a guère contesté ce droit.
Le gouvernement, en effet, a le droit d'extradition
et l'arrestation n'en est qu'un préalable nécessaire :
qui veut la fin veut les moyens.

Cette mesure est, comme l'extradition elle-
même, un acte de souveraineté ; le gouvernement
seul peut l'ordonner par mesure de haute police, et
le ministre de l'intérieur l'exécute.

Voici en quels termes du reste s'exprime la circulaire de 1875 : « La demande sera examinée au
ministère de la justice ; si elle me paraît régulière (dit le ministre), je transmettrai à M. le ministre de l'Intérieur le mandat d'arrêt ou le jugement de condamnation ainsi que toutes les pièces
qui m'auront été communiquées par le ministère
des affaires étrangères. Mon collègue de l'Intérieur

---

1) Prevost-Paradol, *Revue des Deux-Mondes*, 1866, p. 1018.

prescrira les mesures nécessaires pour l'arrestation de l'étranger recherché. »

Il semble, d'après la circulaire, que c'est seulement après l'examen de la demande au ministère de la justice que l'individu peut être arrêté.

Nous ne pensons pas toutefois qu'il faille donner à la circulaire une portée qu'elle n'a pas : elle a pour but de remédier à certains abus qui s'étaient produits et d'en prévenir le retour, sans entendre réglementer à nouveau et d'une manière complète la procédure antérieurement suivie ; or on sait que l'arrestation *sur simple avis*, avant toute demande régulière d'extradition, pouvait s'effectuer. Elle est encore possible, croyons-nous, et c'est ce qui résulte des traités.

Voici la formule adoptée à la suite d'une déclaration échangée avec la Bavière et l'Autriche en 1868 : « L'arrestation provisoire *devra* être effectuée sur avis transmis par le télégraphe de l'existence d'un mandat d'arrêt, à la condition toutefois que cet avis sera régulièrement donné, par voie diplomatique, au ministre des affaires étrangères du pays où l'inculpé s'est réfugié. L'arrestation sera *facultative* si la demande est directement parvenue à une autorité judiciaire ou administrative de l'un des deux États, etc. » Dans ce dernier cas l'agent qui reçoit la dépêche doit d'ailleurs se livrer aux recherches nécessaires, procéder à des interrogatoires, etc. Si le fonctionnaire croit devoir surseoir à l'arrestation, il en réfère au ministre dans le plus bref délai possible.

Le traité franco-belge de 1874, dans son article 6, confirme ces dispositions, et de même l'art. 9 du traité franco-anglais de 1876.

Cette procédure doit donc être soigneusement maintenue sans nouvelles conditions, car c'est de ce point de départ que dépend le plus souvent le succès de la demande.

Belgique. — L'article du traité franco-belge que nous venons de citer montre comment l'arrestation provisoire sera opérée.

Mais notons qu'à la différence de ce qui se passe en France l'autorité judiciaire ordonne l'arrestation. C'est ce qui résulte de l'art. 6 de ce traité combiné avec l'article 5 de la loi belge du 15 mars 1874 : « L'arrestation aura lieu, dit l'art. 6 du traité, dans les formes et suivant les règles établies par la législation du gouvernement auquel elle est demandée. » L'art. 5 de la loi porte : « En cas d'urgence l'étranger pourra être arrêté provisoirement en Belgique pour l'un des faits mentionnés en l'article 1, sur l'exhibition d'un mandat d'arrêt donné par le juge d'instruction du lieu de sa résidence ou du lieu où il pourra être trouvé et motivé sur un avis officiel donné aux autorités belges par les autorités du pays où l'étranger aura été condamné ou poursuivi (1). »

_____

(1) Il faut sans doute appliquer alors l'art. 4 de la loi belge du 20 avril 1874, sur la détention préventive d'après lequel le mandat d'arrêt doit être confirmé par la chambre du Conseil. — *Annuaire de législation étrangè.e*, 1875, p. 411.

Angleterre. — L'arrestation provisoire comme en Belgique, ne peut être opérée que par l'autorité judiciaire.

Un magistrat de police ou un juge de paix peut délivrer le mandat d'arrêt en l'absence même d'un ordre du secrétaire d'Etat, sur tel avis, plainte, ou preuve qui pourrait dans l'opinion de ce magistrat, justifier la délivrance du mandat si le crime avait été commis, ou le criminel arrêté dans la partie du royaume où il exerce ses fonctions. Seulement alors le magistrat doit de suite envoyer un rapport au secrétaire d'Etat en y annexant les dépositions, l'avis, la plainte, ou les copies certifiées de ces pièces, et le secrétaire d'Etas peut, s'il le juge opportun, annuler le warrant et relaxer la personne arrêtée. Tout étranger arrêté en vertu d'un pareil warrant, doit être envoyé à Londres et conduit devant le magistrat de police (sect. VIII). L'art. 9 du traité conclu par cette puissance avec la France le 14 août 1876 est conforme à la section VIII de l'acte de 1870, et sur cet article l'exposé des motifs présenté au Sénat dit : « Les dispositions de la loi anglaise n'ont pas permis de préciser d'une manière aussi formelle la clause relative à l'arrestation provisoire. L'expérience seule pourra démontrer l'utilité ou l'insuffisance des prescriptions de cet article. »

Mais il pourrait arriver que le gouvernement requérant prolongeât, en ralentissant la marche de la procédure, l'incarcération de l'inculpé.

Aussi il y a, dans les traités, la fixation d'un

8

délai après lequel le prisonnier sera de droit mis en liberté, si le pays requis n'a pas reçu une demande régulière d'extradition. Voici d'ailleurs comment s'exprime l'art. 7 du dernier traité franco-belge : « L'étranger arrêté provisoirement sera mis en liberté si, dans le délai de quinze jours après son arrestation, il ne reçoit notification de l'un des documents mentionnés dans l'art. 5. » La section VIII de l'acte de 1870 en Angleterre contient la même règle, et l'art. 9 du dernier traité franco-anglais porte : « Il (l'accusé) sera relâché tant dans le Royaume-Uni qu'en France si dans les quatorze jours une demande d'extradition n'a pas été faite par l'agent diplomatique de son pays. »

Tels sont les trois principaux systèmes de procédure qui sont suivis en matière d'extradition, tant au point de vue de la demande elle-même, que sous le rapport de l'arrestation provisoire.

L'importance du sujet justifiera nous le pensons les détails un peu longs peut-être dans lesquels nous venons d'entrer. Nous avons pensé en effet que s'il y a des améliorations à réaliser, soit chez nous, soit à l'étranger, c'est par l'étude comparée de ce qui a lieu dans les différents pays qu'on y parviendra.

Demandons-nous donc quelle est la meilleure procédure à suivre au point de vue international ? Les discussions auxquelles cette question a donné lieu

ont été vives, car la liberté individuelle se trouve
aux prises avec l'intérêt général qui demande la
répression prompte et efficace de tous les crimes.
Le meilleur système sera celui qui concilie ces deux
droits rivaux.

Or on voit de suite que la législation anglaise ne
tient pas la balance égale et la fait pencher en faveur
des intérêts privés.

L'extradition est subordonnée à une décision
favorable du magistrat. C'est un premier défaut.

Mais c'est assurément le moins grave, car, même
en accordant la prépondérance du pouvoir judiciaire, nous ne pouvons admettre l'obligation pour
le juge d'examiner la force des charges qui pèsent
sur l'accusé, et de n'autoriser l'extradition que si
elles sont telles qu'il renverrait le prévenu devant
le jury, si le fait s'était passé en Angleterre.

Il y a là une exagération dans la protection donnée à l'inculpé. Que l'autorité judiciaire examine
la demande pour voir si elle est conforme à la loi
sur l'extradition et au traité, si le fait prévu n'est
pas politique etc., nous le voulons bien ; mais
c'est aller trop loin que de permettre au magistrat
de décider s'il y a des preuves vraisemblables de
culpabilité contre le fugitif : le pays requérant
réclame cet individu pour le juger et non pour le
condamner sans l'entendre.

L'histoire de l'extradition en Angleterre confirme notre opinion sur ces précautions extra-
ordinaires : ce pays, nous le verrons en détail,

n'a admis l'extradition que fort tard, il a voulu l'entourer de garanties exorbitantes : mais il est arrivé alors que les demandes ne pouvaient plus aboutir; et le traité franco-anglais de 1843 dut être dénoncé comme inefficace.

Le système français, avant la circulaire, tombait dans l'excès contraire, et, par sa trop grande facilité à permettre l'extradition, il ne respectait pas suffisamment la liberté individuelle (1). La circulaire de 1875 nous révèle d'ailleurs ces graves défauts : « En fait l'extradition est accordée sur la demande des gouvernements étrangers avant que l'individu qui en est l'objet ait été arrêté, avant même qu'on sache où il est réfugié ..... Cette pratique est défectueuse en ce qu'elle ne permet pas au gouvernement de provoquer les explications de l'individu arrêté, ni même de vérifier son identité avant de statuer définitivement sur la demande d'extradition. » Le pouvoir qui se montrait si facile à accorder l'extradition comptait sans doute qu'il serait payé de retour par les gouvernements étrangers. Mais il n'en a pas été ainsi, et les craintes qu'éveillait une pareille précipitation ont peut-être contribué, dans une large mesure, à déterminer les états européens à entourer l'extradition de garanties sérieuses, et même à se jeter dans le système contraire.

___

1 Voyez l'article de M. Prévost Paradol déjà cité.

Le système, de la circulaire, est transitoire, car le ministre s'exprime ainsi : « En attendant qu'une loi vienne déterminer les formes à observer dans l'intérêt de la liberté individuelle, j'ai pensé que les inconvénients de la pratique actuelle pouvaient être en partie corrigés. » Dans sa forme transitoire, ce système est une amélioration : En effet, maintenant, l'inculpé doit avant tout être arrêté, et alors il sera interrogé par le procureur de la République ; il pourra avoir un interprète, même un défenseur, et opposer toutes les exceptions qu'il croira utiles, tirées soit de sa nationalité, soit du caractère politique de l'infraction etc. etc.

Mais la circulaire fait trop, et ne fait pas assez : Le fugitif en effet est admis à « alléguer un fait qui serait de nature à établir son innocence, » c'est-à-dire à se disculper ; il y a là une exagération, c'est aller même plus loin que la législation anglaise déjà excessive sur ce point, quoiqu'elle n'admette pas le prévenu à contester l'exactitude des dépositions, ni à produire des preuves à décharge « *exculpatory evidence.* » — D'un autre côté on a peine à s'expliquer comment on a attribué au Procureur de la République le soin de procéder à l'interrogatoire du prévenu, de vérifier même s'il est innocent, et d'écouter sa défense ou celle de son avocat. N'eut-il pas été meilleur de demander l'avis du tribunal, ou au moins du Président ? Il est à craindre en effet que, malgré son impartialité, le procureur de la République ne se

souvienne trop de son rôle habituelle d'accusateur.
Et la présence du défenseur ne va-t-elle pas provoquer des explications contradictoires, sinon une
lutte pour laquelle il n'y a pas de juge?

N'insistons pas sur ces imperfections d'une
œuvre bien intentionnée, et qui doit bientôt faire
place à un système que le législateur saura conformer à toutes les exigences.

N'est-il pas permis de penser que ce système
sera modelé sur le système belge? La circulaire de
1875 elle-même le laisse croire. Voici en effet comment le ministre annonce son innovation : « Dans
d'autres pays voisins de la France la procédure est
réglée par une loi, la pratique est toute différente.
En Belgique notamment et dans les Pays-Bas l'autorité judiciaire intervient toujours pour donner
son avis, et elle ne le fait qu'après avoir entendu
l'individu arrêté. Le gouvernement n'est pas lié par
cet avis; mais la décision qu'il prend sous sa responsabilité est une décision toujours éclairée, et
l'étranger qui en est l'objet ne peut se plaindre
d'avoir été livré sans avoir pu faire entendre ses
réclamations, ni présenter ses moyens de défense. »

Le système belge, selon nous, fait une juste part
à la nécessité de la répression, sans violer les droits
de l'inculpé. Voilà pourquoi nous désirons le voir
consacré par le législateur français.

Examinons rapidement l'exception importante

aux règles générales de la procédure de l'extradition admise pour les colonies.

La voie diplomatique entraînerait des lenteurs
dont l'inconvénient ici serait aggravé et même
intolérable. Supposons par exemple qu'un condamné s'échappe de Nouméa et se réfugie en Australie. Si l'on employait la voie diplomatique le
gouverneur de la Nouvelle-Calédonie devrait
envoyer la demande d'extradition au ministre des
Colonies à Paris, celui-ci la communiquerait au
ministre des affaires étrangères ce dernier l'en-
verrait à l'ambassadeur de France à Londres
qui la remettrait au secrétaire d'Etat au *Foreign-
Office*, et il faudrait encore la faire passer au gouverneur de l'Australie : la réponse devrait suivre
en sens inverse la même filière pour arriver
au gouverneur de la Nouvelle-Calédonie. Et, bien
avant la fin de ces pérégrinations, le fugitif n'aura-
t-il pas le moyen de quitter le territoire sur lequel
il a cherché un refuge ? Aussi les traités récents
abandonnent-ils la voie diplomatique. Cependant,
en l'absence de clause contraire, c'est encore cette
marche qui doit être suivie.

Nous avons à cet égard une convention faite avec
les Pays-Bas en 1860 et nécessitée par la proximité
des possessions des deux pays en Guyane, art. 2:
« L'extradition aura lieu sur la demande que le
gouverneur de l'une des deux colonies respectives
adressera directement au gouverneur de l'autre,
lequel aura le droit, soit de l'accorder immédiate-

ment, soit d'en référer à son gouvernement. » Le principe de la communication directe entre les gouverneurs des colonies respectives est reconnu, tout en réservant au gouverneur requis, dans les cas graves ou douteux, le droit d'en référer à son gouvernement. Le traité du 4 juin 1869 entre la France et les États de Suède et Norwège contient dans son article 1 une clause analogue.

Enfin le dernier traité franco-anglais règle avec soin la procédure qui doit être suivie dans les colonies des puissances contractantes, art. 16 : « La demande d'extradition du malfaiteur qui s'est réfugié dans une colonie ou possession étrangère de l'une des parties, sera faite au gouvernement ou fonctionnaire principal de cette colonie ou possession ; ou, si le fugitif s'est échappé d'une colonie ou possession étrangère de la partie au nom de laquelle l'extradition est demandée, par le gouverneur ou le fonctionnaire principal de cette colonie ou possession. »

D'après la loi du 30 mai 1854, sur la transportation, la résidence dans la colonie est obligatoire pour les transportés pendant un temps qui varie suivant la gravité de la condamnation, et, en quittant la colonie, ils se rendent coupables d'un nouveau délit. Le gouvernement français aurait désiré obtenir du gouvernement britannique une clause autorisant la remise de ces fugitifs ; mais dit l'exposé des motifs présenté au Sénat : « Le gouvernement anglais s'est retranché derrière les dispositions limi-

tatives de sa législation sur la matière. — Relativement aux transportés en cours de peine il a été
entendu que ceux qui viendraient à s'évader dans
ces conditions, seront extradés s'ils ont été frappés
d'une condamnation pour un fait compris dans la
convention. En effet toutes les stipulations du
traité sont, autant que possible, applicables aux
colonies. »

Quant à la procédure dont nous nous occupons
ici spécialement nous distinguerons avec le traité
deux hypothèses (1) :

1º Un malfaiteur fuit de la Métropole dans une
colonie de l'autre pays.

La demande est faite directement au gouverneur de cette colonie par le principal agent diplomatique ou consulaire du pays requérant.

2º Un malfaiteur fuit de la colonie d'un pays
dans une colonie de l'autre.

Le principe de la communication directe entre
les gouverneurs des colonies respectives est consacré, en réservant la faculté pour le gouverneur
requis d'accorder l'extradition ou d'en référer à son
gouvernement.

L'art. 16 du traité franco-anglais contient une
réserve relative aux possessions des deux États dans
les Indes Orientales. Nous trouvons sur ce point
spécial, que le cadre de ce travail ne nous permet

---

(1) Comp. acte de 1870, sect. XVII.

pas d'étudier en détail, des renseignements très-complets dans l'exposé des motifs présenté au Sénat. Qu'il nous suffise d'y renvoyer encore une fois.

Acte d'extradition. — Nous arrivons enfin à l'acte qui doit clore la procédure d'extradition, c'est-à-dire la décision qui forme la réponse de l'Etat requis.

Nous avons montré que cette décision, d'après une pratique presque constante, appartient au pouvoir exécutif.

Divers documents établissent chez nous ce principe : c'est d'abord le décret de 1811 dont nous avons déjà rapporté l'art 1er. — La circulaire de 1841 est conçue dans le même sens : « L'arrestation de l'étranger ne peut être opérée qu'en vertu de l'ordonnance du Roi qui ordonne l'extradition. » — La même règle est rappelée dans la circulaire de 1875.

Ce principe est reconnu par l'Angleterre toutefois avec une dérogation. L'art. 7 du dernier traité porte en effet : « Après que le magistrat de police aura envoyé en prison la personne accusée ou condamnée pour attendre l'ordre d'extradition du secrétaire d'Etat, cette personne aura le droit de réclamer une ordonnance d'*habeas corpus* ; l'extradition devra alors être différée jusqu'après la décision de la Cour sur le renvoi de l'ordonnance, et elle ne pourra avoir

lieu que si la décision est contraire au demandeur.
Dans ce dernier cas la Cour pourra immédiatement
ordonner la remise de celui-ci à la personne autorisée à le recevoir, sans qu'il soit besoin d'attendre
l'ordre d'extradition du secrétaire d'Etat, ou bien
l'envoyer en prison pour attendre cet ordre. » La
simple lecture fait apparaître l'exception puisque
dans un cas spécial c'est l'autorité judiciaire qui
donne l'ordre d'extradition.

Mais laissons de côté cette exception qui ne laisse
pas que d'être fort singulière, car nous ne trouvons
aucune disposition analogue dans le texte de l'acte
de 1870; la section XI paraît même lui être contraire.

L'acte d'extradition contient l'autorisation de
remise, avec certaines indications non spécifiées par
les traités, mais dont la nécessité n'a pas besoin
d'être démontrée ; il faut que l'individu livré soit
clairement désigné ; on indiquera sa nationalité,
le fait pour lequel l'extradition est accordée, et surtout les réserves qui peuvent être faites.

Malgré l'utilité pour le pays requérant de connaître exactement les termes de l'acte d'extradition, dans la pratique générale cependant, il n'est
communiqué ni en original ni en copie ; l'Etat requis fait seulement à l'État requérant une notification diplomatique dans laquelle les points que nous
venons de signaler devront être exactement relevés. En Angleterre et aux États-Unis l'acte d'extradition, c'est-à-dire le mandat du secrétaire d'État
(ou du magistrat dans un cas spécial) qui ordonne

au gardien de la prison de remettre l'inculpé, est,
au contraire, paraît-il, communiqué à l'autorité
étrangère (1).

Remise de l'extradé. — Reste à exécuter la décision. En France, le ministre de l'Intérieur est
chargé de faire conduire l'inculpé à la frontière, et
là il est remis à l'autorité étrangère.

Des conventions particulières fixent ordinairement le lieu où s'effectuera cette remise : mais c'est
une pure question de convenances, sur laquelle il
est inutile d'insister.

Tant que l'inculpé est sur le sol du pays requis,
c'est ce pays qui exécute toutes les mesures nécessaires à la remise du malfaiteur. Ainsi supposons que le gouvernement anglais ait obtenu l'extradition d'un individu arrêté à Lyon ; ce n'est pas
à Lyon qu'il sera livré aux agents du gouvernement britannique, car ces fonctionnaires étrangers
n'ont aucune autorité sur notre territoire, mais il
sera conduit par la police française à la frontière,
et là seulement elle le remettra aux autorités an-
glaises.

Cependant il y a des exceptions : En Angleterre,
par exemple, il est permis — la forme même du
warrant d'extradition l'indique — de remettre directement le prévenu, sans même le conduire à la
frontière, à la personne chargée par l'État requérant de le transporter sur son territoire ; et l'acte de

---

(1, M. Billot, p 271.

1870, sec. II, ajoute pour le cas où il s'échapperait :
« Il sera loisible de le reprendre de la même manière
que l'on reprendrait tout autre malfaiteur accusé
de crimes prévus par les lois de cette partie des
États de Sa Majesté où ce malfaiteur sera repris. »
Toutefois en pratique le gouvernement anglais se
charge de reconduire le fugitif à la frontière. C'est
même pour lui une obligation vis-à-vis de la France
ainsi que celà résulte de l'art. 15 du traité du 14
août 1876. Rappelons cependant que dans l'affaire
célèbre de Lamirande, en 1866, cet inculpé fut directement livré par les autorités anglaise du Canada aux agents français qui mirent eux-mêmes à
exécution le warrant d'e. tradition.

Aux États-Unis c'est une règle générale que le
pays requérant se charge d'opérer l'extradition. La
législation de ce pays — acte de 1848, sect. III, —
reconnaît en effet à la personne ainsi autorisée à
exécuter le warrant, le droit de détenir l'individu
et de l'emmener. S'il s'échappe « il sera légal de le
reprendre de la même manière que toute personne
accusée d'un crime contre les lois de la partie des
États-Unis, dans laquelle ledit individu se sera
échappé, peut être reprise en cas d'évasion. »

Quand une extradition est autorisée, le pays requérant pourrait, en mettant quelque retard dans
l'exécution, infliger au prisonnier une détention
préventive plus ou moins longue. Il y a donc une
éventualité analogue à ce que nous avons déjà vu
relativement à l'arrestation provisoire ; et ce cas est

prévu par les traités qui fixent un certain délai au pays requérant pour poursuivre la remise effective de l'inculpé ; le délai expiré la liberté est rendue de droit à l'inculpé. L'art. 10 du traité franco-anglais est ainsi conçu : « Si le fugitif qui a été arrêté n'a pas été livré et emmené dans les deux mois après son arrestation, ou dans les deux mois après la décision de la Cour sur le renvoi d'une ordonnance d'*habeas corpus* dans le Royaume-Unis, il sera mis en liberté, à moins qu'il n'y ait d'autre motif de le retenir en prison. »

Remise des objets emportés par l'extradé. — Ce n'est pas la personne seule du malfaiteur fugitif qui doit être remise ; souvent, en effet, il peut être très-important d'obtenir la restitution des objets que l'inculpé aura fait passer à l'étranger.

Ces objets peuvent être utiles à l'instruction : ce sont des pièces à conviction que le prévenu s'est hâté de faire disparaître en les emportant au loin.

En dehors même de cette considération, supposons qu'un caissier infidèle se réfugie en pays étranger emportant, comme trop d'exemples le montrent, les valeurs qu'il a soustraites. La saisie de ces valeurs est une mesure urgente, pour que le pays requis les rende à l'État requérant, et qu'enfin elles puissent revenir à leurs légitimes propriétaires.

Allons même plus loin, et disons que, quand même l'extradition ne serait pas accordée ou serait devenu impossible, le pays de refuge remettra encore à l'État requérant les objets emportés par le fugitif; cela arrivera, par exemple, si le caissier dont nous venons de parler meurt dans le pays de refuge, s'il est national de ce pays, etc.

En général, la même autorité statue sur la remise du malfaiteur et sur celle des objets dont il est nanti.

Les droits que les tiers pourront avoir acquis sur ces objets seront réservés, mais c'est à l'autorité judiciaire que cette question sera naturellement déférée.

En Belgique, c'est la Chambre du conseil qui statue sur l'un et l'autre point (L. 15 mars 1874, art. 5.)

Le traité franco-belge (art. 8), et le traité franco-anglais (art. 14) notamment sont conformes à ces principes.

Transit. — Le pays requérant et le pays requis peuvent se trouver séparés par un État intermédiaire. Supposons par exemple que la Hollande ait accordé à la France l'extradition d'un malfaiteur. Entre les deux pays se trouve la Belgique. Les agents de l'une des deux puissances intéressées pourront-ils néanmoins conduire le prisonnier à travers l'État intermédiaire?

Tout d'abord il faut répondre négativement, car le transit non autorisé serait une atteinte à la souveraineté du pays tiers. Puis il pourrait arriver que l'extradé vînt à s'échapper au moment de son passage à travers le pays intermédiaire, faudrait-il accorder aux agents étrangers le droit de mettre en mouvement la force publique de ce pays, pour le

poursuivre et le saisir? Les puissances ont un trop
légitime souci de leur indépendance et de leur
dignité pour permettre de pareils procédés qui
constitueraient véritablement une usurpation.

Aussi le droit international a-t-il rejeté cette
pratique; mais il est d'usage que l'État intermédiaire prête son concours aux deux autres
États pour faciliter l'extradition. Autrement la
remise de l'inculpé serait indéfiniment retardée,
peut-être rendue impossible. On est donc arrivé à
une solution qui concilie tous les droits: l'État intermédiaire se charge de prendre à la frontière du
pays requis, et de conduire, à travers son territoire,
à celle du pays requérant, le malfaiteur extradé;
c'est la force publique du pays tiers qui garde le
fugitif pendant ce voyage, et, s'il s'échappe, le recherche et le saisit.

Mais le pays intermédiaire doit-il prêter son concours à l'État requérant sans examiner ni le fait à
l'occasion duquel l'extradition a été obtenue, ni
même la nationalité de l'inculpé? Doit-il au contraire exiger qu'on lui adresse une demande d'extradition en règle, sur laquelle il statuera d'après
la procédure ordinaire? La véritable solution se
trouve entre ces deux extrêmes.

Personne ne peut contester à l'État requis le
droit de s'éclairer, d'examiner si on ne l'associe pas
à une extradition pour fait politique, si l'inculpé
n'est pas son national. Il doit donc être renseigné
à cet égard.

D'un autre côté, l'État requis a autorisé l'extradition du malfaiteur fugitif; il l'a fait à la suite d'une procédure sérieuse; c'est une garantie que la demande est bien fondée. Il serait donc trop rigoureux d'exiger que tout soit recommencé à nouveau, l'intérêt de la justice en souffrirait.

Les gouvernements de l'Allemagne, de la Suisse et de l'Italie ont signé récemment une déclaration qui tient compte de ces exigences et les concilie. La loi belge de 1874 dispose à peu près de même dans son art. 4 : « L'extradition par voie de transit sur le territoire belge pourra néanmoins être accordée sans avoir pris l'avis de la chambre des mises en accusation, sur la simple production, en original ou en expédition authentique d'un des actes de procédure mentionnés en l'article précédent (arrêt de condamnation, de renvoi, ou même simple mandat d'arrêt), lorsqu'elle aura été requise, au profit d'un Etat étranger lié avec la Belgique par un traité comprenant l'infraction qui donne lieu à la demande d'extradition, etc... » On comprend facilement, et le traité franco-belge le rappelle encore, que le pays intermédiaire se montrera plus facile s'il est lié par un traité avec l'État requérant; il sera au contraire plus exigeant à l'égard d'un pays dont la législation n'est pas en rapport avec la sienne, ou lui inspire des craintes qui ont rendu impossible la signature d'un traité d'extradition.

Le traité franco-anglais ne parle point du *transit.*

9

Ce n'est point oubli de la part des négociateurs, car l'exposé des motifs presenté au Sénat nous apprend que la question a été soulevée par le plénipotentiaire français; mais le plénipotentiaire anglais, parait-il, n'a pu accepter les propositions qui lui ont été présentées sur ce point à cause des lacunes de la législation anglaise. Ni l'acte de 1870, ni celui de 1873, en effet, ne prévoit cette question.

Terminons sur ce point, en faisant remarquer que les démarches auprès de l'État intermédiaire sont naturellement à la charge de l'État requérant, et que tout devra se traiter par la voie diplomatique.

Frais de l'extradition. — L'extradition donne lieu à une procédure longue et compliquée qui met en mouvement le gouvernement du pays requis; les autorités de ce pays doivent rechercher le malfaiteur, le détenir en prison, instruire plus ou moins sommairement son affaire, le reconduire habituellement à la frontière. Des frais souvent considérables sont la conséquence nécessaire de ces mesures. Qui devra les supporter?

Si l'on examine la question en dehors des traités, au point de vue rationnel, la réponse ne saurait être douteuse. L'État requis en autorisant l'extradition et en remettant l'inculpé à l'État requérant lui rend un service. On peut dire, il est vrai, que les deux États sont intéressés à la répression des crimes qui blessent l'ordre social, mais ils ne le sont point au même degré, ni de la même manière; car l'Etat requérant est plus directement lésé par la violation de ses lois. Il en résulte que la règle qui met à la charge de l'État requérant les frais occasionnés au pays requis par l'extradition serait rationnellement bien fondée.

Elle est adoptée par les États-Unis qui l'appliquent dans toute sa rigueur ; or nulle part ailleurs les frais d'extradition ne sont aussi élevés et on a vu des extraditions coûter des sommes considérables (1). — Le même principe était écrit dans le traité franco-anglais de 1843 art. 2 : mais l'Angleterre dans le dernier traité y a renoncé (2).

C'est qu'en effet depuis quelque temps déjà a prévalu une règle qui repose sur une application plus large du principe de la réciprocité ; par suite de cette règle chaque pays supporte les frais qu'il fait.

Disons même en passant que ce système n'est point particulier à l'extradition ; il se généralise et tend à s'appliquer à toutes les matières qui touchent aux intérêts internationaux : c'est ainsi

---

(1) En 1855 les caissiers de la compagnie du chemin du Nord s'étaient réfugiés aux Etats-Unis après avoir soustrait des valeurs pour un chiffre très-élevé (6 millions.) Le gouvernement français sur les instances des administrateurs de la compagnie demanda l'extradition des fugitifs. On suivit la procédure que nous avons indiquée plus haut, il y eût des envois de témoins, etc. Et lorsqu'enfin, après des incidents aussi incroyables qu'impertinents la remise fût obtenue la note à payer s'éleva à 200,000 francs !!! Depuis les exigences ont diminué, mais la moyenne est encore élevée et elle varie de 10 à 15,000 fr. Aussi les demandes adressées à ce pays sont-elles rares !

(2) La règle nouvelle se trouvait déjà dans le traité de 1852, art. 12.

qu'on a appliqué ce principe dans l'Union postale, chaque pays supporte les frais des correspondances tant qu'elles circulent sur son territoire. Le même esprit a inspiré les conventions d'origine récente, mais qui tendent à se généraliser, par lesquelles différents pays se promettent réciproquement communication des actes intéressant l'État civil de leurs ressortissants respectifs. « Les communications doivent se faire sans frais, en la forme usitée dans chaque pays (1). »

Par suite de cette règle on évite des comptes financiers toujours difficiles à débattre, et qui pourraient amener quelquefois de graves conflits. L'État à qui on présente une note à payer ne peut-il pas, en effet, vouloir la débattre trop minutieusement?

Il s'établit au moyen du principe nouveau une sorte de compensation entre les divers États; le créancier d'aujourd'hui sera peut-être demain le débiteur, dès lors il est plus simple et en même temps plus sûr de décider qu'on renonce à toute réclamation du chef des frais que l'on doit faire pour arrêter l'inculpé, et le rendre à l'État qui le réclame.

Sans doute les deux dettes entre lesquelles on établit ainsi la compensation par avance sont éventuelles, peut-être même est-il certain que l'une des

---

(1) Voyez la déclaration du 13 janvier 1875, entre la France et l'Italie approuvée par le décret du 17 février 1875; et une déclaration pareille entre la France et le grand Duché de Luxembourg approuvée par le décret du 17 juin 1875

deux sera toujours plus forte que l'autre. Que l'on considère par exemple nos rapports avec le petit État de Monaco (le traité du 8 juillet 1876 consacre ce principe art. 12); n'est-il pas évident que notre dette envers lui devra toujours être plus forte que celle dont il pourra être chargé envers nous? L'inégalité qui peut exister n'est pas aussi choquante qu'elle le paraît à première vue. Si, en effet, d'un côté nous avons plus de demandes à adresser au gouvernement monégasque qu'il n'en aura lui-même à nous faire, d'autre part les recherches sur un territoire aussi étendu que la France sont plus coûteuses que celles qui pourront avoir lieu dans les limites d'un petit État.

Cette règle se justifie donc assez bien, et elle a pris place dans les traités récents : Nous la trouvons dans le traité conclu avec l'Italie en 1870 le 12 mai, dans le traité franco-belge art. 12, enfin elle figure dans le traité franco-anglais art. 15; ce qui mérite d'être signalé, car cette puissance, à cause du taux élevé qu'entraîne chez elle la procédure de l'extradition, avait jusqu'ici résisté.

A côté des frais nécessités par la demande d'extradition proprement dite, il y a les dépenses causées à l'État intermédiaire par le transit du prisonnier à travers son territoire.

Ici la réciprocité n'exige pas aussi impérieusement l'application de la règle qui a prévalu et qui voudrait que cet État supportât les dépenses qu'il a faites pour conduire l'extradé de la frontière du

pays de refuge à celle du pays requérant, et pour
s'assurer de sa personne pendant ce trajet. En effet
certains États, par suite de leur position géogra-
phique, n'auront presque jamais à opérer le transit
d'un inculpé, l'Angleterre par exemple, tandis que
d'autres tels que la Suisse et la Belgique recevront
de fréquentes demandes de transit. La base de la
compensation fait ici défaut. Aussi admet-on généralement que l'État requérant devra payer à l'État
intermédiaire les frais du transit.

C'est ce que décide la convention conclue entre
l'Allemagne, la Suisse et l'Italie, dont nous avons
déjà parlé, art. 3. « Tous les frais de transport,
d'entretien et de surveillance des individus à trans-
férer, ainsi que les dépenses pour escorte de police,
mesures spéciales de sûreté, télégrammes, etc., seront remboursés au moment où l'extradition aura
lieu, au fonctionnaire suisse qui aura fait la remise
des malfaiteurs, par le fonctionnaire allemand ou
italien auquel ils auront été remis. »

CHAPITRE IV.

CONSÉQUENCES LÉGALES DE L'EXTRADITION.

Nous devons maintenant examiner les effets de l'extradition tant au point de vue du pays qui l'a obtenue, qu'à l'égard de l'extradé lui-même.

En cette matière, il faut concilier les droits de la défense, le pouvoir souverain de l'État dans les relations internationales, et l'indépendance de l'autorité judiciaire. Ce problème difficile qui met en présence trois branches de notre droit public, le droit international, le droit administratif, et le droit criminel, est laissé presque en entier aux solutions de la magistrature

SECTION PREMIERE.

EFFETS DE L'EXTRADITION PAR RAPPORT A L'ÉTAT QUI L'A OBTENUE.

Deux cas doivent être distingués :

§. 1ᵉʳ. *L'extradé a été condamné dans le pays requérant.*

Si la condamnation a été uniquement encourue pour l'infraction qui a motivé l'extradition, pas de difficulté.

Si au contraire elle a eu lieu pour deux ou plusieurs infractions, dont l'une seulement est prévue par le traité en vertu duquel le malfaiteur a été remis, le gouvernement ne lui fera subir que la peine afférente au fait qui a motivé l'extradition.

Mais à l'expiration de cette peine l'extradé pourra-t-il être retenu pour purger la condamnation qui pèse sur lui du chef du fait étranger à l'extradition? Non, cet homme n'est légalement en France qu'à l'égard du fait pour lequel il a été extradé.

Toutefois aucune précaution ne sera-t-elle prise contre ce malfaiteur et pourra-t-il, sans crainte d'être inquiété, demeurer sur le territoire du pays dont il a violé les lois? Disons seulement pour le moment, — nous reviendrons plus tard sur ce point, — que cet individu sera reconduit à la frontière ou qu'il lui sera donné un certain délai pour quitter le territoire: et si ensuite il rentre dans ce pays, ou s'il ne l'a pas quitté dans le temps qui lui est accordé pour partir, on exécutera la condamnation qui pèse sur lui.

§ 2. *L'extradé est seulement poursuivi dans le pays qui a obtenu l'extradition* (1).

Le pouvoir exécutif doit remettre le malfaiteur à l'autorité judiciaire. C'est ici que les difficultés se présentent nombreuses et délicates à trancher.

L'inculpé, en effet, arrive devant la justice dans une situation spéciale; il a été restitué au pays dans lequel il se trouve par un Etat étranger. Cette circonstance ne va-t-elle pas modifier les droits appartenant à la justice à l'égard des criminels ordinaires? Des conditions implicites ou expresses se rencontrent dans toute extradition; l'autorité judiciaire est-elle obligée de les respecter? dans quelles limites?

Tout d'abord, disons que l'autorité judiciaire ne doit pas chercher à interpréter les traités, elle doit seulement les appliquer; c'est une conséquence de la séparation des pouvoirs.

Nous l'avons souvent répété, le droit d'extradition appartient au pouvoir souverain seul, et cela a été reconnu par les différents gouvernements, par celui du droit divin comme par ceux du droit populaire. La Cour de cassation n'exprimait pas une

---

(1) Nous plaçons sur la même ligne que la poursuite, la condamnation par contumace, puisqu'elle tombe dès que le condamné se représente. L'art. 476 du Code d'instruction criminelle appelle d'ailleurs le contumax un accusé.

autre idée quand elle disait dans son arrêt du 30
juin 1827 : « Attendu que, si le droit de livrer un
étranger prévenu de crime ou de délit dans le pays
dont il est originaire, aux tribunaux de ce pays, ne
tire point son origine des traités conclus avec les
puissances étrangères, mais des droits que le roi
tient de sa naissance, et en vertu desquels il maintient les relations de bon voisinage avec les États
voisins, etc..... » (1). Il résulte de là que les conventions conclues par le chef de l'Etat s'imposent à la
nation.

L'acte d'extradition n'est pas, comme on l'a dit
quelquefois d'une manière inexacte, un acte administratif, mais bien un acte de souveraineté. Et
ce n'est pas seulement une distinction de mots,
car de là résulte que le conflit qui pourrait être
élevé devant l'autorité judiciaire s'il s'agissait d'un
acte administratif, ne pourra pas l'être puisque
c'est un acte de souveraineté.

Sans doute la question, à ce point de vue, est
sans intérêt toutes les fois qu'il s'agit d'un crime,
le conflit ne pouvant, aux termes de l'ordonnance
du 1er juin 1828 art. 1, être élevé en matière criminelle (2) ; mais ce principe s'applique devant le tri-

---

(1) Conf. Arrêt de la Cour de cassation du 13 avril 1876. D. P. I,
512.

(2) Il faut remarquer toutefois que même en matière criminelle,
certains auteurs admettent la possibilité du conflit : nous nous bor-
nons à signaler ce point sans entrer dans les détails d'une discussion
qui nous entraînerait hors des limites de notre sujet.

bunal de police correctionnelle, et l'on sait qu'aujourd'hui l'extradition est accordée pour un grand nombre de délits.

De même le recours au Conseil d'Etat est impossible, et on n'a que la ressource, le plus souvent illusoire, du droit de pétition et d'interpellation devant les chambres.

Nous avons dit que les tribunaux sont incompétents pour annuler, interpréter les conventions d'extradition ou en apprécier la légalité, par suite du principe de la séparation des pouvoirs consacré par la loi des 16-24 août 1790, titre 2, art. 13; la constitution du 3 septembre 1791, titre 3, chap. 5, art. 3; la loi du 16 fructidor an III, qui défendent aux tribunaux *d'entreprendre sur les fonctions administratives; de troubler, de quelque manière que ce soit, les opérations des autorités administratives.*

Comme l'a très-exactement exprimé M. Ducrocq (1), c'est par un « *a fortiori* que l'autorite judiciaire se trouve incompétente pour interpréter des traités et pour apprécier des actes internationaux. » En effet, « ce pouvoir exclusif de l'administration d'apprécier et d'interpréter elle-même ses actes n'interdit pas seulement toute immixtion de cette sorte aux tribunaux de l'ordre judiciaire, il l'interdit même aux tribunaux administratifs lorsqu'il s'agit de traités diplomatiques et de tous actes internationaux ou gouvernementaux. »

---

(1) Théorie de l'extradition, p. 33.

Il suit de là que c'est l'autorité gouvernementale seule qui peut apprécier ses propres actes et les interpréter : *cujus est condere ejusdem est interpretari.*

Il y a, sur cette règle, accord unanime de la chancellerie, de la jurisprudence et des auteurs.

La circulaire de 1841 disait déjà : « En principe général, le gouvernement seul est juge de la validité d'une extradition, et il en résulte qu'il lui appartient d'en fixer la portée, d'en interpréter les termes. » — Dans l'affaire Lamirande, le ministre de la justice écrit au procureur général de Poitiers : « Il appartient au gouvernement seul d'examiner avec la bonne foi qui préside à ses relations diplomatiques, les observations qui viendraient à lui être présentées par un gouvernement étranger. Les tribunaux français sont incompétents, d'après une jurisprudence constante, pour résoudre ces questions diplomatiques, qui ne peuvent par conséquent être débattues utilement devant eux. » — En 1867 le ministre de la justice, dans une dépêche au procureur général près la Cour de cassation, lui mande de déférer un arrêt à la Cour suprème, et s'exprime en ces termes : « L'arrêt de la Cour de Paris, en s'arrogeant le droit d'interpréter le traité avec la Belgique et la négociation relative à Renneçon, a méconnu le principe de la séparation des pouvoirs. » — Enfin, la circulaire du 30 juillet 1872 renferme le passage suivant : « Les règles en cette matière, sont du droit international et échappent entièrement au contrôle de l'autorité judiciaire. »

La jurisprudence a eu quelques hésitations. Ainsi les arrêts de la Cour de cassation du 24 juin 1839 et du 11 août 1841 attribuent aux traités le caractère de lois spéciales : « Attendu, est-il dit, que les traités ne sont pas de simples actes administratifs, mais qu'ils ont le caractère de lois, et ne peuvent être conséquemment interprétés et appliqués que par les autorités chargées d'appliquer les lois. » D'où il fallait naturellement conclure que les conventions d'extradition pouvaient être appréciées et interprétées par l'autorité judiciaire chargée d'interpréter les lois. L'arrêt Grandvaux, du 5 septembre 1845 renferme dans ses motifs les mêmes considérations, toutefois il dit contrairement à ses prémisses : « Que les restrictions de l'extradition, leur appréciation et leur exécution, tenant à l'interprétation des traités, rentrent dans le pouvoir du gouvernement du roi. »
— Mais depuis longtemps déjà de nombreux arrêts qualifient les traités d'extradition, non plus de *lois spéciales*, mais d'actes de *haute administration*, ou plus exactement encore d'actes de *gouvernement*, de *souveraineté*. Ainsi dans un arrêt de la Cour d'assise de la Vienne (affaire Lamirande) nous lisons : « Attendu en droit que les traités d'extradition sont des actes de haute administration intervenus entre deux puissances dans un intérêt général de moralité et de sécurité sociale. » Et plus loin : « Attendu que le principe fondamental de la séparation des pouvoirs s'oppose à ce que la justice fran-

çaise puisse s'immiscer dans l'interprétation et l'application des actes de gouvernement qui livrent les accusés à sa juridiction. » Enfin les arrêts des 4 et 25 juillet 1867 de la Cour de cassation appellent les conventions d'extradition des « actes diplomatiques de gouvernement à gouvernement (1). »

La doctrine admet ce principe d'après lequel les tribunaux ne peuvent annuler, apprécier, interpréter les conventions d'extradition. « Faire l'une de ces trois choses, dit M. Ducrocq, serait de la part de l'autorité judiciaire commettre une violation flagrante du principe de la séparation, et des textes qui le consacrent. Annuler un acte administratif (2), ce serait à la fois troubler les opérations de l'administration, entreprendre sur les fonctions administratives, et connaître des actes administratifs, toutes choses que prohibent expressément les trois textes de 1790, 1791 et de l'an III. Apprécier la légalité d'un acte administratif, pour arriver à l'annuler ou même seulement à le blâmer, serait tendre aux mêmes fins et produire un trouble non moins grand, une égale atteinte à l'indépendance nécessaire à l'administration du pays. Enfin la faculté d'interpréter les actes de l'administration pourrait trop facilement servir de prétexte à l'effet

---

(1. Voyez encore notamment : l'arrêt Viremaître du 18 juillet 1851, l'arrêt Dareau du 23 décembre 1852, l'arrêt Chardon du 4 mai 1863, etc. en dernier lieu l'arrêt Roth du 13 avril 1876.

(2) Nous avons déjà montré que ce terme est impropre.

d'en dénaturer l'esprit et la portée, pour qu'elle ne soit pas considérée comme constituant une entreprise interdite à l'autorité judiciaire par les textes qui la séparent de l'autorité administrative appartenant dans sa plénitude au chef de l'Etat. » — Citons encore ces lignes d'u.. minent criminaliste : « L'extradition constitue à la fois une convention entre deux nations soumises aux règles du droit des gens et un acte de haute administration de la part de chacun des deux gouvernements qui l'ont consentie. Sous ces deux rapports il ne peut être permis aux juges d'en apprécier les termes et de les interpréter. Comme convention c'est aux deux gouvernements signataires qu'il appartient de l'expliquer; comme acte administratif c'est au pouvoir exécutif dont il émane dans chacun des deux pays qu'il appartient d'en fixer le sens. Les traités et les conventions diplomatiques seraient-ils donc soumis à leur sanction? Pourraient-ils sans excès de pouvoir, déclarer que tel a été le sens de telle convention, que telle doit être sa limite? Ils pourraient donc aussi déclarer une clause, une extradition illégale et l'annuler? Et puis quels seraient les résultats de leurs décisions? Feraient-ils reconduire à la frontière le Français irrégulièrement livré à la France? Mais en vertu de quelle disposition de loi? Où puiseraient-ils leur pouvoir (1). »

---

(1) M. Faustin-Hélie, *Instruction criminelle*, t. II, p. 712 — Adde M. Bertauld . *Cours de Code pénal*, p. 581.

La règle que nous avons énoncée se trouve donc établie.

Quels sont donc les droits de l'autorité judiciaire ? Du principe que nous avons posé en tête de cette matière il résulte que les conventions d'extradition conclues par le chef de l'État lient les tribunaux : ils peuvent et doivent appliquer les conventions d'extradition.

M. Bertauld dit en effet en parlant de l'acte du gouvernement qui conclut une extradition « ..... l'autorité judiciaire compétente pour l'appliquer n'est pas compétente pour l'interpréter. » — M. Ducrocq pose les même principes : « Cette distinction, fait-il remarquer (entre l'application d'une part, et l'interprétation ou l'appréciation d'autre part) est aussi élémentaire que fondamentale ».

La jurisprudence a reconnu cette règle, comme le montrent les arrêts mêmes que nous avons cités, auxquels il nous suffira de renvoyer.

Nous avons déja constaté qu'il n'y a pas, à proprement parler, d'*acte d'extradition* remis aux autorités du pays requérant.

Il en résulte que discuter sur le point de savoir si l'autorité judiciaire peut surseoir pour demander au gouvernement communication de l'acte d'extradition, c'est agiter une question oiseuse le plus souvent : « En ce qui concerne chaque négociation d'extradition, dit le ministre de la justice dans sa lettre au procureur général près la Cour de cassation en 1867 que nous avons déjà citée, com-

ment le tribunal pourrait-il en déterminer les conditions puisque la décision qui autorise l'extradition, et qui est judiciaire ou administrative,
suivant le pays, n'est jamais produite devant lui,
et n'est pas même en la possession du gouvernement qui l'a obtenue ».

Alors même qu'il y aurait un acte d'extradition
le tribunal ne peut en exiger la communication.
C'est le pouvoir exécutif qui saisit l'autorité judiciaire, et il le fait comme il l'entend, sous sa responsabilité.

Le ministère public servira naturellement d'intermédiaire pour porter à la connaissance des tribunaux les conditions et les réserves que peut con-
tenir la convention d'extradition. Cette communication est faite, soit au commencement des débats
et spontanément, soit par des réquisitions prises à
l'audience.

S'il y a un traité entre la France et le pays qui
a remis le fugitif, les tribunaux doivent l'appliquer
d'office; car les traités sont insérés au Bulletin des
lois et ils lient l'autorité judiciaire. Si le malfaiteur
a été remis pour un fait non prévu dans le traité, le
tribunal appliquera la convention intervenue entre
les deux gouvernements, telle que le pouvoir exécutif la lui fera connaître.

Si les termes en sont obscurs, le tribunal pourra-
t-il au moins surseoir, et demander au gouvernement des explications sur le sens de la convention?
On l'a nié à tort, selon nous.

10

Comme le dit M. Ducrocq : « ici il n'y aura de la part de la Cour et des parties aucune appréciation expresse ou implicite de la légalité de l'acte. » Sans doute l'autorité judiciaire doit appliquer purement et simplement les actes qui émanent du gouvernement ; mais pourquoi refuserait-on d'étendre aux actes diplomatiques la règle universellement admise lorsqu'il s'agit d'actes administratifs, d'après laquelle les tribunaux ont le droit de demander au gouvernement l'interprétation des actes qui ne sont ni clairs ni précis ?

Toutefois il faut qu'il y ait vraiment obscurité dans la convention : « Le principe de la séparation des pouvoirs, dit M. Serrigny (1), et la règle qui, par voie de conséquence, donne à l'autorité administrative l'interprétation de ses actes, n'obligent pas les tribunaux à s'abstenir de juger, par cela seul qu'une des parties litigantes prétend que le sens d'un acte administratif produit en justice est obscur et équivoque. Si, nonobstant cette allégation, l'acte paraît clair et précis aux tribunaux, ils peuvent passer outre au jugement du fond, sans s'arrêter à la demande en renvoi devant l'autorité administrative pour interprétation, etc... »

Il n'y a pas dans ce fait empiétement de l'autorité judiciaire sur le domaine du pouvoir exécutif. Alors le gouvernement, sollicité de préciser le sens

---

(1) Traité de l'organisation, de la compétence et de la procédure en matière contentieuse administrative. t. I, p. 2.-21.

d'une clause de la convention, s'adressera, s'il a
des doutes, à l'autorité étrangère ; ainsi sera évité
un conflit qui aurait pu se produire si l'autorité
judiciaire, au lieu de surseoir, avait faussement
appliqué la convention et violé une réserve impo-
sée par l'Etat requis. Mais le pouvoir exécutif reste
maître, s'il trouve inutile ou inopportune la demande du tribunal, de la repousser ; il est souverain
juge de la mesure dans laquelle il doit saisir l'autorité judiciaire.

Si les tribunaux ne peuvent annuler une extradition, peuvent-ils au moins en examiner la validité
pour décider qu'il y a lieu de surseoir au jugement ?

M. Faustin Hélie enseigne que la Cour d'assises
« peut, après avoir examiné l'exception , passer
outre au jugement, si elle la juge dénuée de fonde-
ment. Mais si, au contraire, cette exception lui
paraît fondée, si le fait qui lui sert de base a un
caractère grave et peut constituer une fin de non-
recevoir contre la mise en jugement (1), la Cour
d'assises doit surseoir aux débats jusqu'à ce qu'il ait
été statué par l'autorité compétente. » — La circulaire de 1841 disait de son côté : « Quand on sou-
tient devant un tribunal ou qu'une extradition est

_____

(1) Nous faisons des réserves sur le droit que M. Faustin-Hélie
reconnaît à l'extradé. de proposer à la Cour des exceptions relatives à
des vices de l'acte d'extradition ; retenons seulement ici ce qui est
relatif au droit de la Cour d'assises.

irrégulière, ou qu'elle est interprétée dans un
sens soit trop favorable, soit trop préjudiciable à
l'inculpé, le tribunal doit surseoir jusqu'à ce que le
gouvernement ait fait connaître sa décision. » — Enfin la jurisprudence qui, après avoir d'abord adopté
cette doctrine (1) l'avait abandonnée, y est revenue
dans un arrêt de 1867 (24 juillet), (affaire Faure de
Monginot,) « Attendu, est-il dit dans cet arrêt, qu'il
n'appartient pas à l'autorité judiciaire d'expliquer
ni d'interpréter les conventions d'extradition, et
qu'elle doit s'arrêter et surseoir dès que le caractère
des faits produits devant elle est contesté comme
constituant ou ne constituant pas une extradition. »

Cependant, nous admettons la négative. Les
termes mêmes de la question montrent que l'appréciation et l'interprétation de l'acte du gouvernement qui renvoie l'accusé devant la justice, sont
un préalable nécessaire à cet arrêt de sursis. Et le
principe de la séparation des pouvoirs, nous l'avons
dit, ne permet pas que la Cour entre dans cette voie.
— « De la part d'une Cour d'assises, dit M. Ducrocq,
examiner l'extradition en s'arrogeant le pouvoir
d'apprécier s'il convient de passer outre au jugement ou de surseoir, jusqu'à ce que la validité en
ait été déclarée par l'autorité compétente, consti-

(1) Voyez arrêts de la Cour de cassation : du 17 mars 1822, affaire
Decamps; arrêt Dermenon, du 4 septembre 1840; arrêt Laugé du
9 mai 1845.

tue sans doute une entreprise moins grave que si
cette Cour se permettait d'annuler l'extradition ;
mais c'est toujours une entreprise sur les attributions administratives. L'usurpation est moindre,
mais il y a toujours empiétement et usurpation de
pouvoir?... On ne demande plus, il est vrai, à la
Cour d'assises d'apprécier et d'interpréter l'acte
gouvernemental pour l'annuler, mais on persiste à
lui demander de l'apprécier et de l'interpréter
pour surseoir au jugement. »

On objecte quelquefois à cette doctrine que la Cour
d'assises ne commet aucun empiétement puisqu'elle
réserve au pouvoir exécutif la décision définitive ?
Mais est-il vrai de dire que l'arrêt de sursis laisse
la question entière? Citons encore M. Ducrocq ; « Est-
ce que cet arrêt ne préjugera pas la décision à intervenir ? Est-ce qu'il ne pèsera pas de tout son poids
sur l'appréciation que l'on dit cependant appartenir
au gouvernement d'une manière exclusive ? N'y a-
t-il pas une imprudence et un danger en même
temps qu'une incontestable atteinte aux préroga-
tives du gouvernement, à le placer entre la nécessité de demander ses inspirations aux convenances
politiques et internationales et aux principes du
droit des gens, et l'obligation d'être ou même seulement de paraitre en désaccord avec l'arrêt d'une
Cour de justice ».

La dépêche du garde des sceaux au procureur général de Poitiers, dans l'affaire Lamirande, ne tran-
che pas formellement la question ; cependant quand

elle dit, en parlant des tribunaux que les questions diplomatiques « ne peuvent être débattues utilement devant eux, » elle paraît bien consacrer cette opinion. Le remarquable arrêt rendu dans cette même affaire, et qui s'inspire de cette dépêche, l'interprète en ce sens : « Attendu que, par le fait même de la remise d'un accusé à ses juges naturels, le gouvernement impérial consacre la régularité de son extradition ; et que cette décision qui rentre dans la compétence exclusive du pouvoir exécutif ne peut être l'objet d'aucun recours. »

Pour toutes ces raisons, qui nous paraissent décisives, nous nous en tenons à l'opinion qui refuse à la Cour d'assises le droit de rendre, en pareille hypothèse, un arrêt de sursis.

Si le malfaiteur dont l'extradition a été accordée pour une infraction déterminée, se trouve, lorsqu'il comparaît devant la justice, sous le coup d'une accusation qui comprend d'autres faits ; soit que l'extradition ait été refusée pour ces faits, soit que la demande ne les contînt pas : que devra faire en pareil cas l'autorité judiciaire ?

Il faut répondre sans hésiter que l'inculpé ne peut être jugé que pour le fait à raison duquel son extradition a été opérée ; le fugitif est livré partiellement en quelque sorte, et, quant aux faits exceptés ou non prévus dans la convention d'extradition, il est réputé légalement se trouver encore dans le pays où il avait cherché refuge. — Si une infraction se révèle au cours des débats, la solution doit être la même, la Cour n'est pas saisie.

Ce n'est pas à dire qu'aucune mesure ne puisse être prise contre l'extradé, nous verrons plus tard ce que l'on peut faire à cet égard.

Un événement récent nous oblige à entrer dans quelques détails: nous faisons allusion aux difficultés diplomatiques qui se sont élevées sur ce point entre l'Angleterre et les Etats-Unis (1).

Nous essayerons tout d'abord de répondre à deux allégations du gouvernement des Etats-Unis qui ne nous paraissent pas fondées.

Demandons-nous:

1° S'il y a une règle de droit international d'après laquelle l'extradé ne peut pas être jugé sur d'autres faits que celui qui a donné lieu à l'extradition?

2° Si cette règle existe, la jurisprudence française lui est-elle contraire?

1. L'Angleterre avait-elle raison de soutenir contre les Etats-Unis que, d'après les principes du droit international, un extradé ne peut être jugé que pour le fait qui a motivé l'extradition; que c'est là par conséquent une règle dont l'Etat qui a obtenu la remise de l'inculpé doit assurer

(1) Voyez dans le *Bulletin de la Société de législation comparée* (février 1877), une très-intéressante communication dans laquelle M. Albert Desjardins a tracé les diverses phases de ce conflit.

l'application, même dans le silence des lois et des traités, même quand l'acte d'extradition ne contient aucune réserve (1)?

Nous n'hésitons pas à répondre affirmativement. Cette solution résulte de la nature même des choses. De quelle utilité serait l'examen de la demande d'extradition par le pays requis, si le malfaiteur, une fois rendu à ses juges naturels, devait répondre de faits qui n'ont point été soumis à ce pays? Comme le disait fort justement le ministre anglais : « Avec les principes de la note (de M. Fish ministre des affaires étrangères aux Etats-Unis) qui empêcherait les Etats-Unis de réclamer un prisonnier pour un crime, et de le juger pour un autre qui serait regardé en Angleterre comme politique, quoique autrement considéré aux États-Unis? »

Les traités maintenant ont-ils consacré cette règle? L'Angleterre citait onze traités (2) conclus par elle qui tous la contiennent ; et, quant aux traités muets, « le principe, disait sir Thomas Henry, est si pleinement reconnu qu'il est scrupuleusement observé par tous les gouvernements européens, qu'il y ait ou qu'il n'y ait pas de stipulation dans

---

(1. Telles étaient précisément les circonstances dans lesquelles la question se posait entre les deux pays dans l'affaire Lawrence : le traité de 1842 entre l'Angleterre et les États-Unis, non plus que la convention par laquelle le gouvernement britannique avait accordé au gouvernement américain la remise de Lawrence ne contenaient aucune réserve de ce genre.

2. Voir la communication de M. Desjardins, *loc. cit*

leurs traités d'extradition : il n'y a pas de stipulation sur ce sujet dans le traité anglo-français (de
1843) mais ni l'un ni l'autre des deux pays ne pen-
serait à juger un fugitif pour un crime différent. »
Cette règle est formulée dans les derniers traités,
notamment dans l'art. 10 du traité franco-belge du
15 août 1874, dans l'art. 10 du traité franco-monégasque; enfin dans l'art. 4 du traité franco-anglais
de 1876, ce qui confirme les paroles du magistrat
anglais.

En vain les États-Unis répondaient à l'Angleterre qu'un malfaiteur ne peut par sa fuite acquérir
un droit contre les lois qu'il a violées, et que : « L'u-
nique obligation que contracte l'Etat auquel est remis le fugitif consiste à faire passer celui-ci en
justice pour le crime à raison duquel l'extradition
a eu lieu; il reprend ensuite tout son droit pour le
poursuivre à raison de n'importe quel fait commis
antérieurement à sa fuite, sans distinguer si ce fait
est lui-même compris ou non dans le traité d'extradition. D'une manière plus générale il faut que
l'Etat qui obtient l'extradition agisse de bonne
foi (1). »

Des principes supérieurs exigent qu'il en soit
autrement, nous l'avons vu, et cette opinion a
contre elle la nature même des choses, les usages
des peuples civilisés, enfin les dispositions expresses
de la plupart des traités récents.

_____

(1) M. Desjardins, *loc. cit.*

2. Dans le débat que nous venons de rappeler la jurisprudence française ne pouvait manquer d'être citée; puisque, comme le rappelait le ministre anglais, — témoignage flatteur rendu à notre pays par un gouvernement étranger, — la France est celui de tous les pays qui a la plus longue expérience du droit et de la pratique de l'extradition.

Mais les Etats-Unis ont complétement méconnu notre jurisprudence en prétendant, d'après un auteur anglais, Clarke, que : « après quelques diververgences les Cours (françaises) ont admis qu'un homme peut être jugé pour crimes autres que celui qui a donné lieu à l'extradition. »

Consultons d'abord la Chancellerie : La circulaire de 1841 posait déjà le principe contraire : « Du principe que l'extradition ne peut être accordée pour délit (1), il résulte que si un individu, qui a commis un fait qualifié crime en France, est livré au gouvernement français pour être jugé sur ce fait, et qu'en même temps il soit prévenu d'un délit, il ne doit pas être jugé sur ce délit..... Quand un Français, livré par une puissance étrangère comme auteur d'un crime ordinaire est en même temps accusé d'un crime politique, il ne peut être jugé que pour le crime ordinaire..... Comme les actes d'extradition sont non-seulement personnels à celui qu'on livre, mais qu'ils énoncent en outre le fait

---

(1) On sait qu'il n'en est plus ainsi.

qui donne lieu à l'extradition, l'individu qu'on a livré ne peut être jugé que sur ce fait. »—Depuis, dans
l'affaire Lamirande, le garde des Sceaux adressa
au procureur général de Poitiers une dépêche qui
porte : « Vous devez vous conformer à la convention diplomatique et à mes instructions, en requérant que l'accusé ne soit jugé que sur le chef de
faux (1). » — De même la lettre du Ministre de la
justice au procureur général près la Cour de cassation en 1867, dans une affaire dont nous avons
déjà parlé et que nous retrouverons encore, s'exprime ainsi : « Si des restrictions ou des conditions
sont imposées (par le pays requis) elles peuvent
lier sans doute la justice française comme tout
traité régulier, mais seulement sur une notification du Ministre de la justice, et encore en ce qui
concerne l'indication des chefs sur lesquels on aurait promis de ne pas statuer. » — Enfin la circulaire du 30 juillet 1872 dit de son côté : « Les règles
en cette matière sont du droit international, et
échappent entièrement au contrôle de l'autorité
judiciaire qui puise dans la seule remise de l'inculpé, renvoyé régulièrement devant elle, les pouvoirs nécessaires pour le juger, sauf les réserves
consenties envers le gouvernement étranger. »

La doctrine partage cet avis. Fœlix dit en effet :

---

(1) Lamirande avait été extradé à raison d'un faux, mais il était
sous le coup de poursuites pour abus de confiance qualifié, et vol
qualifié.

« Il est de règle que l'individu dont l'extradition a
été consentie ne peut être poursuivi et jugé que
pour le crime à raison duquel son extradition a été
obtenue (1).» — M. Faustin-Hélie écrit de son côté :
« La cour d'assises doit, quand elle est saisie par
l'arrêt de renvoi de deux accusations, dont une
seule a donné lieu à l'extradition, scinder les débats, si cette division est possible, et, dans tous les
cas, ne poser au jury que les questions qui se rapportent au fait qui a été l'objet de la mesure. A l'é-
gard de l'autre fait elle doit procéder comme en
matière de contumace. » — « Les conventions diplomatiques en matière d'extradition, dit M. Le-
roy (2), doivent être exécutées suivant leur teneur
expresse lors du jugement des accusés. Par suite un
extradé ne doit pas être mis en jugement pour un
fait autre que celui qui fait l'objet de l'extradition. » — M. Ducrocq se prononce dans le même
sens, comme cela résulte suffisamment des pas-
sages de cet auteur que nous avons rapportés plus
haut.

Arrivons enfin à la jurisprudence française ; elle
s'est conformée à ces principes, et les États-Unis,
ainsi que l'auteur anglais dont ils invoquaient l'autorité, étaient dans l'erreur quand ils soutenaient le
contraire (3).

(1 T. II, p. 329. *Droit International privé.*
(2 En note sous l'arrêt Renneçon. — Dalloz, 1867, I, p. 281.
(3, La vraie doctrine de nos Cours fut d'ailleurs reconnue en Angleterre par l'autorité judiciaire en 1872 dans l'affaire Bouvier (le livre de

Le gouvernement de Washington citait l'affaire Carpentier, Grelet, Parot, en 1855, d'ailleurs rap· portée par Clarke qui l'emprunte à Doutre Q. C. (*Queen 's Counsel*) : « En 1855, la France obtint des États-Unis la remise de Carpentier, Grelet, Parot, pour un crime particulier (*for a particular crime*); aucun d'eux ne fut jamais jugé pour ce fait; deux furent reconnus coupables d'un autre crime, l'un mourut en prison, l'autre y subit encore la peine prononcée contre lui. »

Mais deux de ces individus, Carpentier et Parot, ont consenti à être rendus à la France sans attendre le mandat extraditionnel, et nous verrons qu'il y a sur ce point une règle spéciale. Grelet, accusé de faux et de vol avec effraction la nuit (*burglary*), fut extradé seulement du chef de faux : il fut con- damné à huit ans de réclusion, ce qui est bien la peine du vol avec effraction, non du faux (1).

Clarke rapporte l'arrêt rendu dans l'affaire de

Clarke, 2ᵉ édition est cependant de 1874. — Les avocats de l'inculpé soutinrent cette doctrine que la jurisprudence française permettait de juger un extradé pour d'autres faits que ceux pour lesquels il avait été remis; mais du côté de la Couronne on produisit un affidavit de M. Adolphe Moreau : *The officially approinted counsel to the French Ambassady in London.* Et il y est dit : « *It is a principle of French and of international law, that the individual whose extradition has been granted can only be prosecuted and tried for the very crime for which his extradition has been obtained; and I say, speaking from my own knowledge and actual experience, that this is the invariable practise of the French Tribunals.* » Et Clarke à qui nous avons emprunté ce pas· sage ajoute : « *It was uncontradicted, and was accepted by the court as decisive of the question.* » p. 151.

(1) *Gazette des Tribunaux* du 17 juin 1857.

Wolf Cromback en 1845 : cet individu avait été, à la suite de son extradition obtenue de la Suisse, renvoyé devant la justice sous la charge de faux en écriture de commerce. Au cours des débats, les pièces incriminées perdirent le caractère commercial, et l'inculpé fût condamné pour faux en écriture privée à cinq ans de réclusion et à l'exposition. — Le traité franco-suisse du 18 juillet 1828, sous l'empire duquel on se trouvait, ne prévoyait cependant que le cas de faux en écriture de commerce. — L'affaire vint devant la Cour de cassation qui confirma cette décision par un arrêt dans lequel on lit : « Attendu qu'il résulte des termes de l'art. 5 du traité du 18 juillet 1828 que l'extradition doit avoir lieu entre les deux États, non-seulement contre des Français ou des Suisses déclarés juridiquement coupables dans leur pays respectif des crimes spécifiés dans ledit article, mais encore contre ceux qui seraient poursuivis comme tels en vertu de mandats d'arrêt ; qu'il suit de là que c'est sur le titre originaire de la poursuite ou de l'accusation, et non pas seulement d'après la qualification légale plus ou moins grave que le crime a reçue dans l'arrêt de condamnation, que la légalité de l'extradition et de ses conséquences doit être appréciée. »

Cet arrêt qui remonte à une époque où l'extradition était loin d'avoir pris dans le droit international la place importante qu'elle y occupe aujourd'hui, ne nous paraît pas, en effet, à l'abri de critique. Sans doute (et nous retrouverons bientôt cette

idée) on ne peut pas soutenir que l'extradition accordée pour un crime n'est valable qu'autant que la
peine de ce crime a été prononcée ; ce ne serait certainement pas violer la convention d'extradition
que de faire subir au condamné une peine moindre
que celle dont la loi punit l'infraction pour laquelle
il a été extradé, si des circonstances atténuantes
sont reconnues en sa faveur.

Tout autre est la portée de l'arrèt Wolf Cromback.
Les circonstances atténuantes, en effet, sont accordées par suite de considérations personnelles à l'auteur du fait coupable ; mais, si elles ont pour résultat d'abaisser la peine encourue, elles ne modifient
en rien la nature de l'infraction : celle-ci n'en subsiste pas moins avec le caractère qu'elle avait déjà
auparavant. Avec la doctrine de l'arrêt, au contraire, il suffira donc de renvoyer l'extradé devant
la Cour d'assises du chef du crime tel qu'il est qualifié dans l'acte d'extradition, et l'autorité judiciaire
aura le droit de prononcer une peine pour le même
fait, mais constituant un crime différent.

Telle est la conséquence de cette décision que nous
ne saurions approuver : mais, hâtons-nous de le
dire, elle n'a pas eu d'écho dans nos Cours de justice.
Une circonstance d'ailleurs atténue la portée de cet
arrèt : il s'agissait bien en réalité dans l'espèce de
deux infractions ayant chacune un nom spécial,
faisant encourir chacune une peine différente ; mais
le fait était toujours celui pour lequel l'extradition
avait eu lieu, et dès lors on peut dire que le traité

était appliqué à la lettre : ainsi il n'y a rien de bien positif à conclure de cet arrêt.

Clarke cite ensuite l'affaire Grandvaux (1) accusé de faux en écriture privée, et d'enlèvement de mineure. Son extradition avait été accordée seulement pour le fait de faux ; néanmoins la Chambre des mises en accusation le renvoya devant la Cour d'assises sous l'inculpation d'enlèvement de mineure ; (les charges relatives à l'autre fait ayant paru insuffisantes, la poursuite avait été abandonnée sur ce point). Il y eut pourvoi, et la Cour de cassation rejeta en disant que la Chambre des mises en accusation doit procéder sans examiner les conditions de l'extradition.

Mais comment l'auteur anglais peut-il tirer de là une preuve à l'appui de sa thèse ? Qu'on le remarque bien, il s'agit d'un arrêt de la Chambre des mises en accusation et non de la Cour d'assises ; la Cour ici statue non comme juridiction de jugement, mais comme juridiction d'instruction ; et, que l'inculpé soit présent ou absent (2), elle peut rendre son arrêt de renvoi, comme lui prescrit de le faire l'art. 231, C. I. C., dès qu'il existe contre l'inculpé des charges suffisantes.

Clarke se fonde aussi sur les décisions rendues

---

(1) Dal., 1845, I, 405.

(2) Dans notre hypothèse, l'instruction doit se faire comme si l'inculpé était absent ; il ne peut être interrogé, confronté avec les témoins, etc., il faut respecter complètement la fiction d'après laquelle, pour le fait étranger à l'extradition, il est encore sur le territoire du pays de refuge.

dans les affaires Renneçon et Faure de Monginot.
Ce dernier fut remis à la France par la Belgique
à la suite d'une demande d'extradition fondée sur
l'accusation de banqueroute frauduleuse. La
Chambre des mises en accusation, n'ayant pas
trouvé les charges assez fortes de ce chef, la poursuite fut abandonnée; mais l'inculpé fut traduit
devant le tribunal correctionnel de la Seine pour
délit de soustraction frauduleuse et d'escroquerie. Le tribunal, sur l'exception proposée devant
lui que l'extradition avait été accordée pour une
infraction différente, décida que l'accusé serait conduit à la frontière et mis en liberté. La Cour confirma ce jugement. Mais, sur le pourvoi, la Cour
suprême infirma cette décision (25 juillet 1867).

Cet arrêt est loin d'être concluant. On n'a pas
remarqué que Faure de Monginot avait demandé à
la Belgique de le livrer sans observer les formes
suivies ordinairement en matière d'extradition,
hypothèse différente de celle que nous étudions;
car, *l'extradition volontaire*, suivant l'expression
consacrée par les auteurs, est une théorie à part.

La même explication doit être donnée dans l'affaire Renneçon sur laquelle d'ailleurs nous aurons
à revenir.

Comment donc l'auteur anglais a-t-il pu conclure en disant : « *The result of the cases is that
there is nothing in the french law to prevent the
court from trying a prisoner for crimes other than
that for which his surrender has been granted?* »

11

S'il avait étudié de plus près la jurisprudence
française il aurait vu sans doute que la décision du Conseil de révision de Paris (affaire Sauve,
20 décembre 1861) affirmant l'opinion contraire,
loin d'être une exception, se trouve conforme
à une jurisprudence aujourd'hui constante. —
Qu'il nous suffise d'indiquer l'arrêt du 15 février 1843, de la Cour d'assises du Pas-de-Calais;
l'arrêt du 24 juin 1847, de la Cour de cassation.
Dans l'affaire Lamirande l'arrêt du 3 décembre 1866
dit en termes excellents : « Attendu qu'il est de
principe que l'accusé ainsi extradé ne peut être
jugé contradictoirement par la Cour d'assises que
sur les chefs d'accusation pour lesquels son extradition a été accordée, à moins..., etc... » Enfin les
arrêts les plus récents ne sont pas moins explicites :
arrêt de rejet du 25 septembre 1873, arrêt de rejet
du 14 mars 1873.

La règle invoquée par l'Angleterre était donc la
véritable. Mais d'un autre côté cette puissance
était-elle en droit d'affirmer, comme elle le faisait
dans ce débat, qu'elle avait toujours reconnu ces
principes ? Il est permis d'en douter.

Ainsi Heilbronn fut jugé et condamné à Londres
pour soustraction frauduleuse (*embezzlement*), fait
non prévu dans le traité, quoique son extradition
n'eût été obtenue des États-Unis que pour faux

(*forgery*) (1). De même les juges Canadiens n'ont-ils pas à plusieurs reprises affirmé la régularité de cette pratique (affaire Worms, notamment)?

Enfin les hommes d'État anglais ont-ils toujours tenu le langage de lord Derby dans la dernière négociation ? M. Hammond, sous-secrétaire d'Etat permanent aux affaires étrangères, n'a-t-il pas en 1868, devant le comité de la Chambre des communes, formé pour étudier la question de l'extradition, exprimé la même opinion que combat aujourd'hui le ministère anglais ?

M. Desjardins qui a fait connaître les faits que nous rapportons ici (Bulletin de la Société de législation comparée, février 1877), a bien voulu mettre à notre disposition quelques renseignements très-précieux qui n'ont pas été publiés. Nous allons exposer rapidement les cas auxquels ils se rapportent.

Il s'agit d'abord d'un nommé Burley, écossais d'origine qui, pendant la guerre de Sécession à laquelle il avait pris part comme officier de la marine confédérée, avait capturé un bateau à vapeur. Son extradition fût demandée au Canada sous l'inculpation de vol, d'attaque avec intention de commettre un vol sur le territoire des Etats-Unis, et de piraterie. Après de longues discussions devant les plus hauts magistrats du Canada, l'extradition eut lieu, mais le *warrant* émané du procureur général ne parlait que du fait de vol.

---

(1) Clarke, p. 75

Craignant que les Etats-Unis ne jugeassent aussi Burley pour piraterie, ce qui eût entraîné la peine de mort, le père de l'extradé agit auprès du gouvernement anglais, pour le décider à demander que la poursuite ne fût pas étendue à d'autres faits que celui pour lequel l'extradition avait été accordée.

Lord Russel, secrétaire d'Etat pour les affaires étrangères fit connaître l'opinion du gouvernement : « Si les Etats-Unis, après avoir obtenu l'extradition de Burley sous l'inculpation de vol, ne le faisaient point passer en jugement sous la même inculpation, mais sous une autre, par exemple celle de piraterie, qui aurait pu être produite devant les autorités canadiennes et leur paraître insuffisamment établie, ils commettraient un manque de foi contre lequel le gouvernement de Sa Majesté pourrait protester justement. Si cependant les Etats-Unis mettaient *bona fide* Burley en jugement pour le crime qui avait donné lieu à son extradition ; il semblait au gouvernement de Sa Majesté qu'il serait difficile de leur contester le droit de le mettre aussi en jugement pour piraterie ou pour tout autre crime qu'il serait accusé d'avoir commis sur leur territoire, que ce crime pût lui-même ou ne pût pas donner lieu à l'extradition, qu'il fût ou qu'il ne fût pas compris dans le traité.

Enfin, ce qui est beaucoup plus grave, les mêmes errements furent suivis par le secrétaire d'Etat pour les colonies, dans une dépêche qu'il adressa le 16 mai 1871 au gouverneur du Canada au sujet de l'affaire Caldwells, après avoir pris l'avis du secrétaire d'Etat pour les affaires étrangères.

En 1871 comme en 1865 l'Angleterre avait soutenu seulement que celui dont l'extradition était accordée devait être mis *bonâ fide* en jugement pour le fait en raison duquel l'extradition avait eu lieu, qu'il n'était pas permis d'écarter cette inculpation pour la remplacer par une autre, celle-ci portât-elle d'ailleurs sur un fait compris au traité ; mais qu'à cette inculpation il était permis d'en ajouter d'autres, portassent-elles d'ailleurs sur des faits même non compris au traité.

A un autre point de vue l'Angleterre n'était point fondée à invoquer contre les Etats-Unis son acte de 1870, car :

1° L'acte de 1870 ne liait pas les Etats-Unis ; l'Angleterre ne pouvait par une loi modifier un traité.

2° Même depuis cet acte de 1870 le gouvernement anglais avait reconnu cette pratique qu'il combattait aujourd'hui (affaire Caldwells).

On connaît maintenant les éléments principaux de cette discussion diplomatique, et l'on voit que l'Angleterre était très-forte quand elle restait sur le terrain des principes du droit international. Mais sur tous les autres points son argumentation était victorieusement repoussée par les Etats-Unis.

Aussi, en présence de la détermination du gouvernement américain de n'entrer dans aucun arrangement en vue d'un nouveau traité jusqu'à ce que celui de 1842 ait été reconnu en pratique; ému d'autre part du scandale résultant de l'impunité qui se trouvait assurée, par la suspension du traité de 1842, aux criminels les plus audacieux; lord Derby revint courageusement en arrière, au point sur lequel il s'était séparé de M. Fish au début. Il remit en vigueur le traité, en accordant l'extradition des accusés réclamés par le gouvernement américain (Winslow, Brent et autres), sans exiger l'engagement qu'il demandait au début de ne laisser juger les fugitifs que pour les faits qui auraient motivé la remise.

Cette concession a mis fin au conflit. C'est là, dit un écrivain anglais, «   acte de franche et courageuse justice, dont les conséquences heureuses ne tarderont pas à se faire sentir. » On annonce en effet que le gouvernement de Washington mieux disposé, se prête maintenant à la négociation d'un nouveau traité d'extradition entre les deux grandes puissances. *(Times Tuesday* december 26, 1876.)

Renvoi de l'extradé à la frontière. — Si le malfaiteur n'a été livré que pour l'une des infractions mises à sa charge; si, après la remise opérée, on

vient à découvrir un nouveau fait inconnu jusque
là : il devra être procédé contre l'extradé, à raison
de ces faits, comme s'il était encore sur le territoire
étranger, il sera jugé par contumace.

Disons-le de suite, si l'infraction qui se révèle est
une de celles qui peuvent donner lieu à l'extradition, le gouvernement négociera avec le pays
étranger où le malfaiteur s'était réfugié une extradition supplémentaire, et alors le malfaiteur sera
jugé contradictoirement pour cette infraction.

En dehors de cette hypothèse spéciale, verra-t-on
alors le malfaiteur vivant paisiblement sous la protection des lois qu'il a violées, et jouissant d'une
complète impunité : sommes-nous vraiment dé-
sarmés?

Non : Si l'extradé est un étranger, la loi de 1849
permet au gouvernement de l'expulser par mesure
administrative.

S'il est Français, un arrêté d'expulsion est impossible; mais, en pratique, le gouvernement fait reconduire à la frontière ce malfaiteur. — Dans d'autres pays, un certain délai lui est accordé pour quitter le territoire. — Si ensuite il rentre dans le pays,
— ou s'il n'est pas sorti dans le délai qui lui a été
donné pour partir — il sera pris et renvoyé devant
les tribunaux qui pourront alors le juger contradictoirement.

Cette mesure est-elle légale? On peut tout d'abord
remarquer qu'elle est commandée par l'intérêt social. De plus le gouvernement, en la prenant, se

borne à faire passer dans la réalité ce qui était du domaine de la fiction. L'extradé est réputé se trouver à l'étranger pour les faits réservés dans l'acte d'extradition. Eh bien ? on l'y reconduira, on le replacera dans la situation qu'il s'était créée par sa fuite; dès lors il ne pourrait se plaindre.

Quant à ce renvoi du malfaiteur à la frontière, c'est une mesure administrative, de police, qui rentre dans le domaine du pouvoir exécutif; l'autorité judiciaire ne pourrait l'ordonner sans commettre un excès de pouvoir. Cependant, quelques arrêts ont cru pouvoir décider autrement.

Mais la Cour de cassation, en 1867, dans l'affaire Renneçon, cassa l'arrêt de la Cour de Paris contraire à cette doctrine. « Attendu, dit la Cour de cassation, qu'aucune loi n'autorise les cours et tribunaux à prescrire qu'un prévenu, qu'ils considèrent comme détenu en dehors des conditions stipulées par les traités d'extradition, sera reconduit à la frontière de la puissance qui l'a livré pour y être mis en liberté; qu'une telle mesure est dans les attributions exclusives de l'administration; d'où suit etc..... la Cour impériale de Paris a méconnu la règle de la compétence, commis un excès de pouvoir, etc... » — Le garde des Sceaux, dans la lettre au procureur général près la Cour de cassation, pour dénoncer ce même arrêt de la Cour de Paris, avait déjà dit : « Un dernier excès de pouvoir résulte de la disposition de l'arrêt ordonnant que Renneçon sera reconduit à la frontière belge expressément désignée, où il sera mis en liberté. La Cour aurait été logique en se déclarant incompétente pour juger contradictoirement le prévenu, mais elle ne pouvait pas prescrire à l'administration les mesures qu'elle a édictées ..... à l'égard d'un Français qui se serait trouvé réellement dans un cas d'extradition, le gouvernement qui aurait promis de ne pas le faire juger contradictoirement pour un délit, doit rester libre de le laisser en France, ou de le reconduire à la frontière, et à la frontière de son choix (1). L'arrêt le contraint d'obéir à un mandement de justice extra-légal. » — Il fut décidé de même par l'arrêt de la Cour de cassation du 25 juillet 1867, affaire Faure de Monginot.

SECTION II.

EFFETS DE L'EXTRADITION PAR RAPPORT A L'EXTRADÉ.

Ces effets peuvent être formulés ainsi :

1º L'extradé n'a acquis par sa fuite aucun droit nouveau.

2º Il n'a perdu aucun droit.

1. Comment en effet sa fuite pourrait-elle lui

(1. Il est préférable à tous égards, croyons-nous, de décider que l'extradé devra être conduit à la frontière du pays où il s'était réfugié.

créer une situation privilégiée ? S'il en était autrement, n'y aurait-il pas là un encouragement pour
les criminels à fuir la justice de leur pays ? Et on
verrait un accusé dictant en quelque sorte les conditions à ses juges, traitant pour ainsi dire avec eux
de puissance à puissance !

Sans doute des réserves peuvent avoir été faites
dans la convention d'extradition, il peut même s'en
trouver de formulées par avance dans les traités ;
l'autorité judiciaire, nous l'avons dit, doit les respecter. Toutefois ce n'est pas dans l'intérêt exclusif
de l'extradé que ces conditions sont écrites, mais
bien évidemment pour assurer l'observation de
principes d'un intérêt supérieur. Nous l'avons dit,
l'extradition peut avoir lieu en dehors des cas prévus dans les traités, même en l'absence de traités.
C'est un droit que l'État requis puise dans sa seule
souveraineté et l'extradé ne pourrait pas se plaindre.
Il en sera de même à plus forte raison pour un cas
prévu dans le traité. Comme l'exprime M. Ducrocq:
« Cela ne se peut puisque le traité n'a eu d'autre
conséquence que de faire de l'extradition une obligation internationale pour la puissance contrac-
tante, sans jamais restreindre ou limiter le droit
préexistant et supérieur qui lui appartient d'extrader au gré de ses convenances, de ses intérêts,
ou de sa législation intérieure, dont elle a l'exclusive et souveraine appréciation ».

Il en résulte d'abord que l'extradé n'a pas qualité pour demander la nullité de l'extradition, ni

pour demander à n'être jugé que sur certains faits, soit que les autres aient été formellement réservés par la puissance qui l'a remis, soit qu'ils ne rentrent pas dans les prévisions du traité.

Sur le premier point nous avons déjà vu que l'autorité judiciaire est incompétente pour prononcer la nullité de l'extradition ; il y a donc double motif pour que la prétention de l'extradé soit repoussée.

La Chancellerie est favorable à cette doctrine ; nous lisons en effet dans la lettre adressée par le ministre de la justice au procureur général de Poitiers (affaire Lamirande) : «... Quand à l'accusé à qui sa fuite ne peut avoir créé aucun titre, il suffit qu'il soit placé devant des juges impartiaux auxquels son sort a été remis par un arrêt régulier de renvoi ». — La lettre, dont nous avons déjà parlé, du garde des Sceaux au procureur général près la Cour de cassation en 1867 (affaire Renneçon) est conforme à cette manière de voir.

La jurisprudence n'est pas moins formelle, sauf quelques arrêts anciens qui ont méconnu les principes. Citons seulement les arrêts de la Cour de cassation du 11 mars 1847, du 18 juillet 1851, du 23 décembre 1852. Enfin l'arrêt de la Cour d'assises de la Vienne dit : « Que les traités d'extradition sont des actes de haute administration intervenus entre deux puissances dans un intérêt général de moralité et de sécurité sociales ; que les formes et les conditions en sont réglées non au profit des accusés, qui ne peuvent par leur fuite à l'étranger se créer un privilége contre la justice de leur pays, mais au point de vue des nécessités internationales ou des convenances réciproques des gouvernements. » — Rappelons en dernier lieu un arrêt récent de la Cour de cassation (13 avril 1876) d'après lequel un extradé livré spontanément par le gouvernement sur le territoire duquel il s'était réfugié, même en dehors des prévisions du traité qui l'unit au pays voisin, n'a aucun titre pour réclamer contre son extradition, « Attendu que sa faute, dit l'arrêt, pour se soustraire à la justice de son pays, ne lui crée aucun droit. »

2. Nous venons de le voir, la justice ne peut demander compte à l'extradé que du fait pour lequel il a été remis, et, pour les autres infractions, il doit être traité comme s'il se trouvait encore en pays étranger. Cette situation, avantageuse à première vue à l'accusé, peut en réalité lui être nuisible. Si l'on écarte des chefs d'accusation moins graves que celui sur lequel est fondée l'extradition, ne peut-il pas arriver qu'il soit condamné pour l'acte le plus coupable, tandis que s'il avait pu être jugé cumulativement pour tous les faits mis à sa charge, il aurait eu la chance, au prix d'une condamnation pour une infraction plus légère, d'obtenir, comme il arrive quelquefois, l'acquittement sur le fait plus grave.

Si l'inculpé trouve avantage à être jugé sur tous les chefs relevés à sa charge, peut-il, par son consentement, modifier la règle que nous avons formulée ?

La solution a varié. Recherchons d'abord celle que commandent les principes. Or, disons-nous, l'exécution de la convention d'extradition ne doit pas nuire à l'inculpé; il conserve devant la justice les droits qui appartiennent à tous les accusés. Que fait-il autre chose, quand il demande à être jugé sur tous les chefs mis à sa charge, que d'invoquer le droit commun en matière pénale : n'est-ce pas un droit, et un droit inviolable, pour un accusé de purger entièrement l'arrêt de renvoi? Sa fuite n'a pu le lui faire perdre. Ne peut-on pas dire que le consentement qu'il donne ainsi, équivaut, en quelque sorte, à un retour volontaire; il fait tomber lui-même la fiction qui le considère comme étant encore sur le territoire étranger.

Mais ce consentement doit être libre et éclairé; il faut que celui qui le donne soit mis en mesure d'en connaître toutes les conséquences.

Aussi on ne saurait admettre la procédure suivie par la Cour d'assises du Pas-de-Calais (15 février 1843): des questions avaient été posées au jury sur tous les faits compris dans l'acte d'accusation, et, après le verdict seulement, le président interpella l'accusé qui déclara consentir à la condamnation sur le fait étranger à la convention d'extradition. — Encore moins faudrait-il se contenter du silence de l'accusé, qui n'a pas réclamé contre le jugement de tous les faits incriminés, comme paraît l'avoir fait l'arrêt Pascal de 1847.

Le président de la Cour d'assises de la Vienne,

dans l'affaire Lamirande, a agi d'une manière bien plus correcte, quand il a, dès l'ouverture des débats, interpellé l'accusé pour savoir s'il consentait à être jugé même sur les chefs non prévus dans l'acte d'extradition, et exigé son consentement exprès. Après cette question, le président crut, par une mesure que l'on ne saurait trop approuver, devoir suspendre l'audience, pour permettre à l'accusé de se concerter avec ses défenseurs sur cette grave question. — L'arrêt de la Cour dans cette même affaire, si remarquable à tous les points de vue, dit très-justement sur la question qui nous occupe : « Attendu que l'extradé ne peut être jugé contradictoirement par la Cour d'assises que sur les chefs d'accusation pour lesquels son extradition a été accordée, à moins qu'il ne consente *expressément* à être jugé sur tous les chefs compris dans l'arrêt de mise en accusation. »

Mais, dans les premiers temps, la doctrine et la chancellerie s'accordaient à reconnaître l'inefficacité du consentement de l'extradé à être jugé sur tous les faits relevés à sa charge.

M. Faustin-Hélie écrit en effet: « Il est certain que l'adhésion du prévenu ne peut modifier ni les règles de la compétence, ni l'exécution d'une convention dans laquelle il n'a point été partie. »

La circulaire de 1841 est muette sur la question ; mais en 1843, le garde des Sceaux, dans une lettre au procureur général de Douai pour l'inviter à faire reconduire à la frontière le nommé L...., qui avait

été condamné par la Cour d'assises du Pas-de-Calais, dans les circonstances que l'on connaît maintenant, pour un fait étranger à la demande d'extradition, improuve en ces termes l'arrêt en question :
« ... Le consentement donné par L..... à sa mise en jugement pour abus de confiance, et même la connexité de ce délit avec le fait principal, ne sauraient motiver une exception à cette règle qui a toujours été scrupuleusement suivie entre la France et la Belgique (que l'extradé ne peut être mis en jugement que pour le fait qui a motivé son extradition). »

La jurisprudence toutefois n'a jamais adopté ce système. L'arrêt de la Cour d'assises du Pas-de-Calais de 1843, celui de la Cour de cassation de 1847, celui de la Cour d'assises de la Vienne de 1866, reconnaissent l'efficacité du consentement de l'extradé à être jugé sur tous les chefs mis à sa charge. — Outre le considérant de l'arrêt de la Cour de la Vienne que nous avons déjà rapporté, voici ce que dit l'arrêt de la Cour d'assises du Pas-de-Calais.
« Attendu que l'accusé, dûment interpellé, déclare renoncer au bénéfice de l'exception résultant en sa faveur des principes ci-dessus posés, et consentir à ce qu'il soit par la Cour statué sur celle des réponses du jury qui est affirmative à son égard, etc...»

Enfin, la Chancellerie est revenue sur ses premiers errements, ainsi que cela résulte de la dépêche du garde des Sceaux, de 1866 (25 novembre), au procureur général de Poitiers : « Vous devez vous conformer à la convention diplomatique et à mes instructions en requérant que l'accusé ne soit jugé que sur le chef de faux, *à moins qu'il n'accepte volontairement la décision du jury sur les autres points.* » C'est aussi la doctrine qu'adopte M. Ducrocq; c'est celle qui est la plus conforme aux principes de la matière.

Mais le consentement de l'extradé suffit-il pour délier le Gouvernement de l'obligation expresse ou tacite, qu'il a contractée envers le pays requis, de ne laisser juger le malfaiteur que pour le fait à raison duquel il a été remis ? Non, sans doute, et il faut encore qu'il communique à ce pays le consentement de l'extradé.

Comment, sans cette précaution, le pays qui a accordé l'extradition du fugitif, pourrait-il surveiller l'exécution des conditions qu'il a mises à son consentement ? — Et puis n'y aurait-il pas là une source de conflits possibles? Il serait à craindre en effet qu'averti trop tard, le Gouvernement du pays de refuge ne vînt ensuite prétendre que le consentement de l'inculpé a été extorqué, etc., etc.

Le traité franco-bavarois du 20 novembre 1869, art. 9, oblige en pareille hypothèse le Gouvernement qui a obtenu l'extradition à communiquer le consentement de l'extradé à celui qui l'a accordée. Il en est de même du traité franco-suisse du 12 janvier 1870, art. 8, § 2; du traité franco-italien du 12 mai 1870, art. 9; du traité franco-belge de 1874, art. 10.

Le traité franco-anglais du 14 août 1876 ne con-

tient rien de pareil ; les termes absolus de l'art. 4
paraissent même indiquer que le consentement de
l'extradé à être jugé sur d'autres faits que ceux indiqués dans la convention serait inefficace. L'exposé
des motifs est muet sur ce point. Ici encore, probablement, le plénipotentiaire anglais a dû se retran-
cher derrière les termes restrictifs de l'acte de 1870,
sect. III 2° : « On n'accordera pas l'extradition d'un
malfaiteur fugitif sur la demande d'un État étranger, à moins qu'il n'ait été prévu par la loi dudit
État, ou par une convention, que ce malfaiteur,
jusqu'à ce qu'il ait été rendu ou ait pu retourner
dans les États de Sa Majesté, ne sera pas détenu ni
poursuivi dans ledit État étranger pour un crime
quelconque, autre que celui pour lequel l'extradition aura été accordée, et commis antérieurement à
cette extradition. » — Cette doctrine nous paraît
bien rigoureuse et souvent, nous l'avons montré, loin
de protéger l'extradé, elle se retournera contre lui.

EXTRADITION VOLONTAIRE.

L'extradition est réglée par une procédure minu-
tieuse qui soumet le fugitif à une détention préventive susceptible de se prolonger pendant un
temps assez considérable.

Mais, l'inculpé trouve qu'il y a avantage pour lui
à être remis de suite au pays qui le réclame, sans
attendre la fin d'une négociation qui aboutira sûrement — il le sait — à sa remise au pays requérant :
la marche de l'instruction se trouve accélérée, et
peut-être le fugitif espère-t-il se concilier la bien-
veillance de ses juges, etc. etc...

Quels vont être alors les droits et les obligations
respectives des deux pays? C'est la théorie de l'*extradition volontaire*.

L'inculpé n'intervient, remarquons-le, que pour
demander à être restitué à l'Etat requérant avant
l'accomplissement des formalités de la procédure
régulière de l'extradition.

Cette démarche ne peut créer aucun droit à son
profit. Il n'aurait donc pas qualité pour prendre
ensuite devant la justice des conclusions dans lesquelles il demanderait à n'être jugé que sur certains faits déterminés, sous certaines conditions.
Comme le dit la lettre déjà citée du Ministre de

la justice au procureur général près la Cour de Cassation en 1867 (affaire Renneçon): « Le gouvernement français ne peut pas consentir à pactiser avec les coupables présumés qui se sont soustraits par la fuite à l'action de la justice française. »

Mais une question s'élève entre le gouvernement qui a réclamé le fugitif et celui qui l'a restitué. L'État réquérant peut-il traduire l'inculpé devant la justice de la même manière que s'il était volontairement rentré dans le pays; ou bien ne doit-il pas se conformer à certaines réserves non exprimées lors de la remise du malfaiteur (il n'y aurait pas alors de question), mais résultant, soit des traités, soit des principes du droit international en cette matière?

La question n'est réglée par aucun traité : et cependant l'hypothèse est de nature à se présenter souvent, aujourd'hui surtout que le fugitif a la quasi-certitude que la demande formée contre lui aboutira à son extradition.

Nous distinguerons deux cas :

1° Il n'y a pas de traité entre les deux pays entre lesquels s'est formée la convention d'extradition.

2° Il y a un traité entre ces deux pays.

1. Sur le premier point : Le droit international existe sans doute indépendamment des traités; par conséquent l'État qui a obtenu la remise de l'inculpé demeure soumis aux principes supérieurs dont les traités se bornent à sanctionner l'application. — Pour préciser nous dirons que ce malfaiteur

ne pourra pas être jugé pour des faits politiques, qu'il n'aura à répondre que du fait qui a motivé son extradition, etc.

2. S'il existe un traité entre les deux pays, l'Etat requérant, croyons-nous, est lié par les termes du traité et il doit en assurer l'exécution. Par exemple, s'il était dit que l'inculpé ne peut être jugé pour une infraction prescrite seulement d'après la loi du pays requis, cette clause devrait être rigoureusement observée.

On ne peut pas dire, suivant nous, que le fugitif, en demandant à être ainsi remis de suite et sans attendre l'accomplissement des formes qu'exige la procédure d'extradition, se présente *volontairement* aux autorités du pays réclamant. Il agit ainsi, parce qu'il sait parfaitement qu'il aurait été livré quand même, un peu plus tard.

Sans doute les formalités de la procédure ont été établies par le pays de refuge dans un intérêt supérieur, et il ne semble pas qu'il puisse être au pouvoir du fugitif de renoncer à la protection qui lui est assurée. Cependant, il faut bien le reconnaître, cette règle n'est pas tellement rigoureuse qu'elle ne puisse recevoir une exception, quand cette exception est réclamée par celui qui, en définitive, pourra en profiter.

Cette solution n'est point adoptée cependant par le gouvernement français, et la Cour de cassation l'a condamnée. Qu'il nous suffise de renvoyer aux arrêts de la Cour de cassation du 4 juillet 1867, affaire Renneçon et du 25 juillet de la même année, affaire Faure de Monginot ; et à la lettre adressée par le Ministre de la justice au procureur général près la Cour de cassation, pour lui donner l'ordre de déférer à la Cour suprême l'arrêt contraire de la Cour de Paris du 1er février 1867, dans la première de ces deux affaires.

D'après la doctrine du gouvernement français et de la Cour de cassation, contraire à la jurisprudence de la Cour de Paris, dans les deux affaires que nous venons de rappeler, le consentement du fugitif à être remis avant l'accomplissement des formalités régulières, est l'équivalent exact de son retour volontaire en France. Dès lors il n'y a pas à tenir compte des principes de l'extradition, le mot n'en peut même pas être prononcé, puisque l'inculpé est venu de son propre mouvement se replacer sous l'empire des lois qu'il a violées.

Malgré ces raisons nous ne pouvons admettre que le consentement du malfaiteur fugitif puisse changer la nature de l'acte international qui est intervenu.

Le système français devait soulever des protestations de la part des gouvernements étrangers. En effet elles se sont produites en Belgique lors de la discussion de la loi du 5 avril 1868 (1), et le ministre de la justice de ce pays nous apprend que le

---

(1) *Moniteur belge :* séance du 7 mars 1868 de la Chambre des représentants.

gouvernement belge a réclamé à la France des personnes livrées dans de pareilles circonstances, qui avaient été condamnées pour des faits autres que ceux sur lesquels la demande était fondée, et non prévus dans le traité. Pour prévenir le retour de ces faits le gouvernement belge en pareille occurrence se refusera à accorder la remise immédiate du fugitif, à moins que le gouvernement français ne consente à prendre l'engagement de se conformer aux règles du traité. Si un accusé demande à retourner en France quand même, on le laissera libre de le faire, mais en lui faisant connaître les conséquences de sa détermination; et il devra signer une renonciation aux garanties que lui aurait assurées la procédure régulière d'extradition.

L'accord ne s'est d'ailleurs point encore établi, et nous ne trouvons aucune disposition relative à cette question dans les deux derniers traités signés par la France avec la Belgique (traités du 29 avril 1869 et du 15 août 1874), tous deux postérieurs à la loi belge dont nous avons analysé une partie des travaux préparatoires.

Le traité franco-anglais ne prévoit pas non plus cette hypothèse, et l'exposé des motifs est muet. Il n'est pas permis de douter, maintenant que nous connaissons le caractère général de la loi anglaise, que le système du gouvernement français s'il avait été proposé, n'eût été repoussé par le plénipotentiaire anglais.

C'est à des cas d'extradition volontaire que se rapportent notamment les deux arrêts de la Cour de cassation, (affaires Renneçon et Faure de Monginot), cités par Clarke, pour prouver que la jurisprudence française admet le jugement de l'extradé sur d'autres faits que ceux pour lesquels il a été remis. Cet auteur a eu le tort de vouloir faire une règle générale d'un cas tout particulier et spécial.

APPENDICE

———• ›››××‹‹ •———

APERÇU HISTORIQUE SUR LE DÉVELOPPEMENT DES RELATIONS DE LA FRANCE ET DE L'ANGLETERRE EN MATIÈRE D'EXTRADITION.

———————

En ce moment, où l'attention publique est attirée sur le nouveau traité que l'Angleterre a conclu le 14 août 1876 avec la France, il ne sera pas sans intérêt de tracer l'histoire des négociations suivies, à diverses époques entre les deux pays sur cet important sujet.

L'Angleterre ne s'est décidée que fort tard à prendre sa place dans l'union des nations associées, pour ainsi dire, contre les malfaiteurs. Le premier traité signé par cette puissance date de 1842; il fut conclu avec les États-Unis; et, en 1870 elle n'avait encore que trois traités d'extradition: celui dont nous venons de parler, un deuxième avec la France, le troisième avec le Danemark.

On avait bien inséré dans le traité d'Amiens, en 1802, une clause stipulant la remise réciproque des malfaiteurs ; mais la guerre éclata de nouveau peu de temps après, et le traité ne put s'exécuter.

Le Ministre de la justice avait donc raison de dire, dans la circulaire de 1841, que l'on ne pouvait obtenir d'extradition de l'Angleterre, parce que sa législation ne le permettait pas.

Le 13 février 1843 une convention, dont nous connaissons les principales dispositions, fut conclue entre la France et l'Angleterre (1). Mais il faut bien le remarquer avec l'exposé des motifs du dernier traité présenté au Sénat : « De 1802 à 1843, aucun progrès n'a été accompli. Il n'y a dans le traité de 1843 rien de plus que dans le paragraphe 20 du traité d'Amiens qu'on s'est borné à découper en articles. »

Un acte du Parlement anglais (2) sanctionna ce traité et régla son application : il permit de substituer les copies des dépositions des témoins entendus en France au témoignage oral nécessaire, d'après la législation anglaise, pour que le juge pût délivrer son mandat d'arrêt. — Cette réforme était urgente : on ne pouvait exiger de la France qu'elle

---

(1) Le traité de 1843 régit encore, à l'heure où nous écrivons ces lignes, nos rapports avec l'Angleterre en matière d'extradition. Il cessera de s'appliquer le jour où le nouveau traité, déjà adopté par le Sénat, soumis en ce moment à la Chambre des députés, entrera en vigueur.

(2) 6 et 7, Victoria, c. 75.

envoyât dans chaque affaire des témoins déposer
en personne, devant le magistrat anglais. Mais la
conformité de ces copies avec l'original des dépositions, certifiée par la signature du juge français qui
avait lancé le mandat d'arrêt, devait être attestée
sous serment devant le juge anglais par la personne
qui les produisait : « *copies of the depositions upon
which the original warrant was granted, certified
under the hand of the person or persons issuing such
warrant, and attested upon the oath of the party
producing them, to be true copies of the original depositions.* »

La première occasion d'appliquer le traité se pré-
senta en 1844, dans le cas de Jacques Besset, accusé
de banqueroute frauduleuse, qui fût réclamé par la
France. Lord Denman, en refusant d'autoriser l'extradition, exprima ses regrets de voir ainsi échouer
la première demande qui se produisait sous l'empire du traité. Les dispositions de l'acte n'avaient
pas, dit-il, été observées : « *its provisions have not
been rightly pursued* (1). »

Hélas ! tous les efforts faits pour exécuter ce traité
de 1843 ne devaient pas avoir, durant de longues
années, un résultat différent. De 1843 à 1852, en effet, sur quatorze fugitifs que réclama la France un
seul fut remis, et encore cela tint-il probablement à
ce qu'il avait été arrêté dans l'île de Jersey.

_____

(1) Clarke, p. 117.

Ce résultat négatif ne laissa pas que de causer du mécontentement en France « *not unnatural dissatisfaction* » (1). Le gouvernement français fit des re,résentations ; l'Angleterre répondit que le seul moyen d'écarter toute difficulté était de faire une nouvelle convention, et de soumettre un nouvel acte au Parlement. Un projet de traité fut presque aussitôt envoyé à Paris ; il faisait disparaître, comme contraire aux intentions des hautes parties contractantes, et comme constituant le principal obstacle à l'application de l'extradition, le devoir du magistrat anglais d'exiger la preuve de la culpabilité qui serait nécessaire pour renvoyer le malfaiteur devant le tribunal répressif, si le fait s'était accompli en Angleterre.

Néanmoins, les choses en restèrent là jusqu'en 1852 (28 mai), époque à laquelle une convention fut conclue entre les deux puissances.

D'après le nouveau traité, un nombre considérable de faits classés sous vingt numéros, et soigneusement décrits, pouvaient donner lieu à extradition.

De plus, la France devait produire, à l'appui de toute demande, un arrêt de condamnation ou un mandat d'arrêt établissant clairement la nature du fait incriminé ; le secrétaire d'État de l'intérieur (Home secretary), après avoir vérifié l'authenticité de ces documents, et s'être assuré que

_____

(1) Clarke, *loc. cit.*

l'infraction rentrait bien dans les termes du traité, adressait un *warrant* à un magistrat, pour porter ces faits à sa connaissance. Celui-ci devait lancer un mandat d'arrêt, et, *après avoir constaté l'iden-tité de l'inculpé*, donner l'ordre de le conduire à la frontière et de le remettre aux autorités françaises.

Cette disposition qui dérogeait au droit pénal de l'Angleterre, à sa pratique traditionnelle, ren-contra une vive résistance ; (on sait qu'elle n'a point passé dans le dernier traité). L'opposition se manifesta dans la Chambre des Lords, quand fut proposé le bill destiné à sanctionner le traité. Lord Malmesbury, qui avait négocié cette conven-tion, proposa divers amendements qui apportaient des garanties nouvelles.

Au même moment, l'opinion publique en Angle-terre se préoccupa d'un fait grave qui venait de se passer en France : une loi avait été proposée dans le but d'étendre la juridiction extra-territoriale de nos tribunaux aux crimes commis à l'étranger, même par des étrangers (1).

Cette innovation causa une grande émotion : nos voisins pensèrent que la politique l'avait inspirée, et le Bill fut abandonné.

Le traité de 1843 était devenu lettre morte, la France ne formulait plus de demande d'extradition ; mais vers 1864 des plaintes furent adressées au gou-

_____

(1) Le gouvernement français en présence de l'opposition qui se manifesta alors en Europe retira le projet de loi.

vernement anglais, et le 4 décembre 1865 le traité
fut dénoncé : il devait, aux termes de l'art. 4, cesser
d'être en vigueur six mois après la notification de
cette dénonciation.

On donnait les motifs suivants :

1° L'Angleterre ne consentait pas à remettre les
personnes condamnées.

2° La nécessité de produire devant le magistrat
la preuve du crime, *prima facie,* était un obstacle
insurmontable.

3° Le gouvernement français disait que la disposition de l'acte 6 et 7, Victoria C. 75, § 2, était une
injure pour les magistrats français, car il exigeait
que la personne qui produisait les copies des dépositions attestât la vérité de la signature du juge
qui les avait reçues : ainsi, un officier de police avait
qualité, comme témoin, pour vérifier les procédures
françaises, afin de voir si le juge avait fait un certificat exact.

L'Angleterre donna satisfaction sur ce dernier
point au gouvernement français, et un bill fut voté,
portant que les pièces feraient foi si la signature du
juge était légalisée par le Ministre de la justice en
France.

Sur cette marque de bonne volonté, la France
se décida à faire un nouvel essai, et le traité de 1843
fut prorogé pour six mois ; et ensuite d'année en
année (1).

_____

(1) Voyez dans Clarke, p. 137 des renseignements intéressants sur ce
point.

En 1870 cependant, à la suite d'une longue et savante enquête, fut rendu en Angleterre l'acte important dont nous avons parlé, complété peu après par celui de 1873.

Cette législation complète et précise facilita la conclusion de nombreux traités, car une de ses innovations — qui n'a peut-être pas été assez remarquée — confère au gouvernement le pouvoir de conclure de nouveaux traités et de les rendre obligatoires par un ordre en conseil (*by order in council*), de sorte qu'il n'est plus nécessaire d'obtenir, après chaque traité, un acte du Parlement pour le sanctionner (1). » (Acte de 1870, sec. II.)

A la suite de cette réforme les extraditions purent être plus souvent obtenues (2).

Mais dès ce moment le traité de 1843 devenait manifestement insuffisant (on discuta même en Angleterre la question de savoir si l'acte de 1870

----

(1) On voit qu'en France on a suivi sur ce point une marche différente. Tandis qu'autrefois le pouvoir exécutif concluait seul les traités d'extradition; d'après la pratique actuelle du ministere des affaires étrangères, nous suivons les errements qu'a répudiés l'Angleterre en 1870.

(2) Pour ne parler que des dernières années, voici le tableau des extraditions opérées entre les deux pays :

ANNÉES	EXTRADITIONS ACCORDÉES	
	Par la France.	Par l'Angleterre.
1872	3	1
1873	4	1
1874	1	7
1875	5	3
1876 (jusqu'à novembre inclusivement).	4	4

Rapport de M. le comte de Saint-Vallier sur le traité Franco-Anglais, présenté au Sénat dans la séance du 29 décembre 1876.

ne l'avait pas abrogé) (1). Il s'ouvrit alors sur ce
point des négociations longues et difficiles, qui
aboutirent enfin au traité du 14 août 1876.

Il faut rendre hommage à l'éminent magistrat
de Bow Street qui a contribué, par les facilités nouvelles qu'il apporta dans la pratique des extraditions depuis 1866, à donner enfin quelque valeur
au traité de 1843. Sir Thomas Henry a pris en
outre une grande part à la préparation de l'acte de
1870, et à la négociation du traité franco-anglais
de 1876.

Ce traité, dont nous avons indiqué les principales dispositions, n'est pas à l'abri de toute critique. Sans doute, il laisse place à bien des améliorations ; mais il réalise un progrès remarquable sur l'état de choses antérieur.

On reproche, il est vrai, à ce traité son silence
sur la *comparution des témoins*, les *notifications* d'actes, et spécialement les *commissions rogatoires* (2) :
Le plénipotentiaire anglais, nous dit l'exposé des
motifs présenté au Sénat, s'est retranché derrière
l'insuffisance de sa législation qui ne prévoit pas
ces différentes questions. Spécialement à l'égard des
commissions rogatoires, ce document porte que :

(1) Clarke, p. 149, sur l'*affaire Bouvier* en 1872.
(2) Si nous n'avons point parlé dans ce travail de ces procédures
accessoires de l'extradition, c'est pour ne pas dépasser le cadre déjà
fort étendu que nous nous sommes tracé. — Voyez les dispositions du
dernier traité Franco-Belge du 15 août 1874, art. 13, 14, 15.

« le motif du refus de l'Angleterre est tiré du principe de réciprocité. »

Cela ne nous paraît point satisfaisant, car la section V de l'acte de 1873 permet au secrétaire d'État de requérir tout magistrat de police ou juge de paix de recevoir des dépositions à l'occasion d'un procès pénal qui se déroule à l'étranger.

Nous préférons expliquer ce refus par les critiques très vives dont la disposition de l'acte 1873 Sect. V, que nous venons de rappeler, a été l'objet de la part des juristes anglais. En effet Clarke, *an eminent British authority* (comme on dit en Amérique), après avoir dit que cet acte de 1873 émane d'une personne qui ignore la législation anglaise, ajoute en parlant de la section V : qu'elle est en opposition avec l'esprit de toute la loi : *This is in conflict with the whole spirit of our law..... To alter the law of England in order that a person may be convicted abroad on the evidence of witnesses who may never be confronted with him, of whom he may never have heard until their depositions are produced against him, and who may have given their evidence before any charge was made against him, is a blunder which ought not to be allowed to soil our statute — book.* »

Malgré ces dernières difficultés, grâce à la bonne entente entre la France et l'Angleterre, on pourra enfin arriver à une pratique de l'extradition conforme aux exigences de l'heure présente.

13

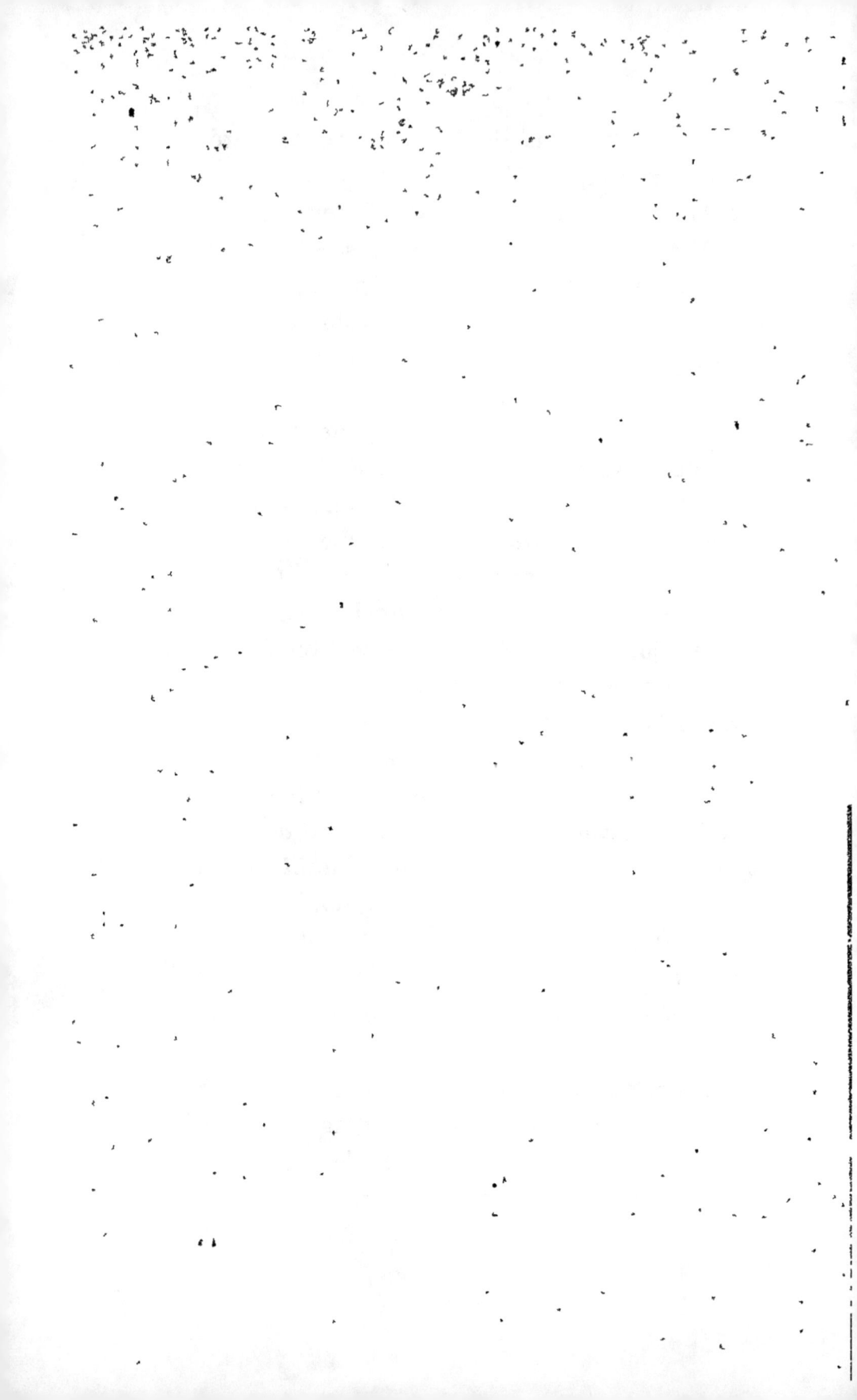

AVERTISSEMENT

De tous les traités d'extradition qui ont été conclus par notre pays, le traité franco-belge de 1874
est assurément le plus complet. Les relations si
multipliées des deux États, qui s'expliquent à la fois
par leur proximité et par la ressemblance de leurs
institutions, permettent de penser que c'est aussi
celui dont il sera fait l'application la plus fréquente.
A ce double titre nous avons cru devoir l'insérer à
la suite de ce travail.

Le traité franco-monégasque, plus récent, n'en
est que la reproduction à peu près littérale. C'est
pourquoi il eut été inutile de le reproduire.

Au contraire, nous donnons le texte du traité
franco-anglais de 1876 en le faisant précéder de
celui de 1843. En comparant ces deux conventions, on verra quels progrès remarquables ont
été accomplis entre ces deux dates dans la matière
de l'extradition.

I.

CONVENTION D'EXTRADITION CONCLUE ENTRE LA FRANCE ET LA BELGIQUE LE 15 AOUT 1874.

Le Gouvernement de la République française et le Gouvernement de Sa Majesté le roi des Belges, ayant résolu d'un commun accord, de conclure une nouvelle Convention pour l'extradition des malfaiteurs, ont nommé pour leurs plénipotentiaires à cet effet, savoir :

Le Président de la République française.

M. le duc *Decazes*, député à l'Assemblée nationale, ministre des affaires étrangères, commandeur le l'ordre national de la Légion d'honneur, etc., etc., etc.;

Et Sa Majesté le Roi des Belges.

M. le baron *Beyens*, grand officier de l'ordre de Léopold et de l'ordre de la Légion d'honneur, etc., etc., etc., son envoyé extraordinaire et ministre plénipotentiaire près le gouvernement de la République française;

Lesquels, après s'être communiqué leurs pleins pouvoirs, trouvés en bonne et due forme, sont convenus des articles suivants :

ART. 1er. — Les Gouvernements français et belge s'engagent à se livrer réciproquement, sur la demande que l'un des deux Gouvernements adressera à l'autre, à la seule exception de leurs nationaux, les individus réfugiés de Belgique en France et dans les colonies françaises ou de France et des colonies françaises en Belgique, et poursuivis, mis en prévention ou en accusation, ou condamnés comme auteurs ou complices par les tribunaux de celui des deux pays où l'infraction a été commise, pour les crimes et délits énumérés dans l'article ci-après.

Néanmoins, lorsque le crime ou le délit motivant la demande d'extradition aura été commis hors du territoire du Gouvernement requérant, il pourra être donné suite à cette demande, si la législation du pays requis autorise la poursuite des mêmes infractions commises hors de son territoire.

ART. 2. — Les crimes et délits sont :

1º L'assassinat, l'empoisonnement, le parricide et l'infanticide ;

2º Le meurtre ;

3º Les menaces d'un attentat contre les personnes ou les propriétés, punissables de peines criminelles ;

4º Les coups portés et les blessures faites volontairement, soit avec préméditation, soit quand il en résulte une infirmité ou incapacité permanente de travail personnel, la perte ou la privation de l'usage absolu d'un membre, de l'œil ou de tout autre organe, d'une mutilation grave ou la mort sans intention de la donner ;

5º L'avortement ;

6º L'administration volontaire et coupable, quoique sans intention de donner la mort, de substances pouvant la donner ou altérer gravement la santé ;

7° L'enlèvement, le recel, la suppression, la substitution ou la supposition d'enfant;

8° L'exposition ou le délaissement d'enfant;

9° L'enlèvement de mineurs;

10° Le viol;

11° L'attentat à la pudeur avec violence;

12° L'attentat à la pudeur, sans violence, sur la personne ou à l'aide de la personne d'un enfant de l'un ou l'autre sexe âgé de moins de treize ans;

13° L'attentat aux mœurs, en excitant, facilitant ou favorisant habituellement, pour satisfaire les passions d'autrui, la débauche ou la corruption de mineurs de l'un ou de l'autre sexe;

14° Les attentats à la liberté individuelle et à l'inviolabilité du domicile, commis par des particuliers;

15° La bigamie;

16° L'association de malfaiteurs;

17° La contrefaçon ou falsification d'effets publics ou de billets de banque, de titres publics ou privés; l'émission ou mise en circulation de ces effets, billets ou titres contrefaits ou falsifiés; le faux en écritures ou dans les dépêches télégraphiques, et l'usage de ces dépêches, effets ou titres contrefaits, fabriqués ou falsifiés;

18° La fausse monaie, comprend la contrefaçon et l'altération de la monnaie, l'émission et la mise en circulation de la monnaie contrefaite et altérée;

19° La contrefaçon ou falsification de sceaux, timbres poinçons et marques; l'usage de sceaux, timbres, poinçons et marques contrefaits ou falsifiés, et l'usage préjudicable de vrais sceaux, timbres, poinçons et marques:

20° Le faux témoignage et la subornation de témoins :

21° Le faux serment ;

22° La concussion et les détournements commi par des fonctionnaires publics ;

23° La corruption de fonctionnaires publics ou d'arbitre;

24° L'incendie ;

25° Le vol

L'extorsion, dans les cas prévus par les art, 40, paragraphe 1er, du Code pénal français, et 460 du Code, pénal belge ;

27° L'escroquerie ;

28° L'abus de confiance ;

29° Les tromperies en matière de vente de marchandises, prévues à la fois en France par l'art. 423 du Code pénal et les lois des 27 mars 1851, 5 mai 1855 et 28 juill. 1867, et en Belgique par les art. 498, 499, 500 et 501 du Code pénal ;

30° La banqueroute frauduleuse et les fraudes dans les faillites, prévues à la fois par les art. 591, 593, n° 1 et 2, et 597 du Code de commerce français, et par les art. 489 paragraphe 3, et 490 paragraphes 2 et 4 du Code pénal belge ;

31° Les actes attentatoires à la libre circulation sur les chemins de fer, prévus à la fois par les art. 16 et 17 de la loi française du 15 juillet 1845, et par les articles 406, 407 et 408 du Code pénal belge;

32° La destruction de constructions, de machines à vapeur ou d'appareils télégraphiques;

33° La destruction ou la dégradation de tombeaux, de

monuments ou d'objets d'art, de titres, documents, registres ou autres papiers;

34° Les destructions, détériorations ou dégâts de denrées, marchandises ou autres propriétés mobilières;

35° La destruction ou dévastation de récoltes, plantes, arbres ou greffes;

36° La destruction d'instruments d'agriculture, la destruction ou l'empoisonnement de bestiaux ou autres animaux;

37° L'opposition à la confection ou exécution de travaux autorisés par le pouvoir compétent;

38° Les crimes et délits maritimes prévus simultanément par les lois françaises du 10 avril 1835 et du 24 mars 1852 et par les articles 28 et 40 de la loi belge du 21 juin 1849;

39° Le recèlement des objets obtenus à l'aide d'un des crimes ou délits prévus par l'énumération qui précède.

Sont comprises dans les qualifications précédentes les tentatives, lorsqu'elles sont prévues par les législations des deux pays.

En matière correctionnelle ou de délits, l'extradition aura lieu dans les cas prévus ci-dessus:

1° Pour les condamnés contradictoirement ou par défaut, lorsque le total des peines prononcées sera au moins d'un mois d'emprisonnement;

2° Pour les prévenus, lorsque le maximum de la peine applicable au fait incriminé sera, d'après la loi du pays réclamant, au moins de deux ans d'emprisonnement ou d'une peine équivalente, ou lorsque le prévenu aura déjà été condamné à une peine criminelle ou à un emprisonnement de plus d'un an.

Dans tous les cas, crimes ou délits, l'extradition ne pourra avoir lieu que lorsque le fait similaire sera punissable d'après la législation du Pays à qui la demande a été adressée.

ART. 3. — Il est expressément stipulé que l'étranger dont l'extradition aura été accordée ne pourra, dans aucun cas, être poursuivi ou puni pour aucun délit politique antérieur à l'extradition, ni pour aucun fait connexe à un semblable délit.

Ne sera pas réputé délit politique, ni fait connexe à un semblable délit l'attentat contre la personne du chef d'un Etat étranger ou contre celle des membres de sa famille, lorsque cet attentat constituera le fait, soit de meurtre, soit d'assassinat, soit d'empoisonnement.

ART. 4. — La demande d'extradition devra toujours être faite par la voie diplomatique.

ART. 5.— L'extradition sera accordée sur la production soit du jugement ou de l'arrêté de condamnation, soit de l'ordonnance de la chambre du conseil, de l'arrêt de la chambre des mises en accusation ou de l'acte de procédure criminelle émané du juge ou de l'autorité compétente, décrétant formellement ou opérant de plein droit le renvoi du prévenu ou de l'accusé devant la juridiction répressive, délivré en original ou en expédition authentique.

Elle sera également accordée sur la production du mandat d'arrêt ou de tout autre acte ayant la même force, décerné par l'autorité compétente, pourvu que ces actes renferment l'indication précise du fait pour lequel ils ont été délivrés.

Ces pièces seront accompagnées d'une copie du texte de la loi applicable au fait incriminé et, autant que possible, du signalement de l'individu réclamé.

Dans le cas où il y aurait doute sur la question de savoir si le crime ou délit objet de la poursuite rentre dans les prévisions de la présente convention, des explications seront demandées, et, après examen, le Gouvernement à qui l'extradition est réclamée statuera sur la suite à donner à la demande.

Art. 6. — En cas d'urgence, l'arrestation provisoire sera effectuée sur avis, transmis par la poste ou par le télégraphe, de l'existence d'un mandat d'arrêt, à la condition toutefois que cet avis sera régulièrement donné par voie diplomatique au ministre des affaires étrangères du Pays où l'inculpé s'est réfugié.

L'arrestation de l'étranger aura lieu dans les formes et suivant les règles établies par la législation du Gouvernement auquel elle est demandée.

Art. 7. — L'étranger arrêté provisoirement, aux termes de l'article précédent, sera mis en liberté si, dans le délai de quinze jours après son arrestation, il ne reçoit notification de l'un des documents mentionnés dans l'ariclet 5 de la présente Convention.

Art. 8. — Quand il y aura lieu à l'extradition, tous les objets saisis qui peuvent servir à constater le crime ou le délit, ainsi que les objets provenant de vol, seront, suivant l'appréciation de l'autorité compétente, remis à la Puissance réclamante, soit que l'extradition puisse s'effectuer, l'accusé ayant été arrêté, soit qu'il ne puisse y être donné suite, l'accusé ou le coupable s'étant de nouveau évadé ou étant décédé. Cette remise comprendra aussi tous les objets que le prévenu aurait cachés ou déposés dans le pays, et qui seraient découverts ultérieurement. Sont réservés, toutefois, les droits que des tiers non impliqués dans la poursuite auraient pu acquérir sur les objets indiqués dans le présent article.

ART. 9. — Si l'individu réclamé est poursuivi ou condamné pour une infraction commise dans le pays où il s'est réfugié, son extradition pourra être différée jusqu'à ce que les poursuites soient abandonnées, jusqu'à ce qu'il ait été acquitté ou absous. ou jusqu'au moment où il aura subi sa peine.

Dans le cas où il serait poursuivi ou détenu dans le même pays à raison d'obligations par lui contractées envers des particuliers, son extradition aura lieu néanmoins, sauf à la partie lésée à poursuivre ses droits devant l'autorité compétente.

ART. 10. — L'individu qui aura été livré ne pourra être poursuivi ou jugé contradictoirement pour aucune infraction autre que celle ayant motivé l'extradition, à moins du consentement exprès et volontaire donné par l'inculpé et communiqué au Gouvernement qui l'a livré.

ART. 11. — L'extradition pourra être refusée si, depuis

les faits imputés, le dernier acte de poursuite ou la condamnation, la prescription de la peine ou de l'action est acquise d'après les lois du pays où le prévenu s'est réfugié.

ART. 12. — Les frais occasionés par l'arrestation, la détention, la garde, la nourriture des prévenus et le transport des objets mentionnés dans l'art. 8 de la présente Convention au lieu où la remise s'effectuera seront supportés pacelui des deux États sur le territoire duquel les extradés auront été saisis.

ART. 13. — Lorsque, dans la poursuite d'une affaire pénale, un des deux Gouvernements jugera nécessaire l'audition de témoins domiciliés dans l'autre État, une commission rogatoire sera envoyée, à cet effet, par la voie diplomatique, et il y sera donné suite par les officiers compétents, en observant les lois du pays où l'audition des témoins devra avoir lieu.

Toutefois, les commissions rogatoires tendant à faire opérer soit une visite domiciliaire, soit la saisie du corps du délit ou de pièces à conviction, ne seront exécutées que pour l'un des faits énumérés à l'art. 2 du présent Traité, et sous la réserve exprimée dans le paragraphe 2 de l'art. 8 ci-dessus.

Les Gouvernements respectifs renoncent à toute réclamation ayant pour objet la restitution des frais résultant de l'exécution des commissions rogatoires, dans le cas même où il s'agirait d'expertise, pourvu, toutefois que cette expertise n'ait pas entraîne plus d'une vacation.

Aucune réclamation ne pourra non plus avoir lieu pour les frais de tous actes judiciaires spontanément faits par les magistrats de chaque Pays pour la poursuite ou la constatation de délits commis sur leur territoire par un étranger qui serait ensuite poursuivi dans sa patrie conformément aux articles 5 et 6 du Code d'instruction criminelle français ou à la loi belge du 30 décembre 1036.

ART. 14. — Les simples notifications d'actes, jugements ou pièces de procédure réclamées par la justice de l'un des deux Pays seront faites à tout individu résidant sur le territoire de l'autre Pays, sans engager la responsabilité de l'Etat, se bornera à en assurer l'authenticité.

A cet effet, la pièce transmise diplomatiquement ou directement au ministère public du lieu de la résidence sera signifiée à personne, à sa requête, par les soins d'un officier compétent, et il renverra au magistrat expéditeur, avec son visa, l'original constatant la notification.

ART. 15. — Si, dans une cause pénale, la comparution personnelle d'un témoin est nécessaire, le Gouvernement du Pays où réside le témoin l'engagera à se rendre à l'invitation qui lui sera faite. Dans ce cas, des frais de voyage et de séjour calculés depuis sa résidence lui seront accordés d'après les tarifs et reglements en vigueur dans le Pays où l'audition devra avoir lieu ; il pourra lui être fait, sur sa demande, par les soins des magistrats de sa résidence, l'avance de tout ou partie des frais de voyage, qui seront ensuite remboursés par le Gouvernement intéressé. Aucun témoin, quelle que soit sa nationalité, qui, cité par l'un des deux pays, comparaîtra volontairement devant les juges de l'autre Pays, ne pourra y être poursuivi ou détenu pour des faits ou condamnations criminels antérieurs, ni sous prétexte de complicité dans les faits objet du procès où il figurera comme témoin.

Art. 16.—Il est formellement stipulé que l'extradition par voie de transit à travers le territoire d'une des parties contractantes d'un individu livré à l'autre partie sera accordée sur la simple production, en original, ou en expédition authentique, de l'un des actes de procédure mentionnés à l'art. 5, pourvu que le fait servant de base à l'extradition soit compris dans le présent Traité et ne rentre pas dans les prévisions des art. 3 et 11.

Art. 17. — La présente convention, remplaçant le traité du 29 avril 1869 et la déclaration du 23 juin 1870, sera exécutoire le trentième jour à partir de l'échange des ratifications.

Elle demeurera en vigueur jusqu'à l'expiration d'une année à compter du jour où l'une des Hautes Parties contractantes aura déclaré vouloir en faire cesser les effets.

Elle sera ratifiée et les ratifications en seront échangées le plus tôt que faire se pourra.

En foi de quoi, les plénipotentiaires respectifs ont signé la présente Convention, qu'ils ont revêtue du cachet de leurs armes.

Fait à Paris, le 15 août 1874.

(L. S.) *Signé* DECAZES.
(L. S.) *Signé* BEYENS.

II.

CONVENTION CONCLUE, LE 13 FÉVRIER 1843, ENTRE
LA FRANCE ET LA GRANDE-BRETAGNE, POUR L'EX-
TRADITION RÉCIPROQUE DES MALFAITEURS.

ART. 1er. — Il est convenu que les hautes parties contractantes, sur les réquisitions faites en leur nom, par
l'intermédiaire de leurs agents diplomatiques respectifs,
seront tenues de livrer en justice les individus qui, accusés des crimes de meurtre (y compris les crimes qualifiés
dans le code pénal français d'assassinat, de parricide,
d'infanticide et d'empoisonnement), ou de tentative de
meurtre, ou de faux, ou de banqueroute frauduleuse,
commis dans la juridiction de la partie requérante, cher-
cheront un asile ou seront rencontrés dans les territoires
de l'autre, pourvu que cela n'ait lieu que dans le cas où
l'existence du crime sera constatée, de telle manière que
les lois du pays où le fugitif ou l'individu ainsi accusé
sera rencontré justifieraient sa détention et sa mise en
jugement, si le crime y avait été commis.

En conséquence, l'extradition ne sera effectuée, de la
part du Gouvernement français, que sur l'avis du garde
des sceaux, ministre de la justice, et, après production
d'un mandat d'arrêt ou autre acte judiciaire équivalent

émané d'un juge ou d'une autorité compétente de la
Grande-Bretagne, énonçant clairement les faits dont le
fugitif se sera rendu coupable ; et elle ne sera effectuée,
de la part du gouvernement britannique, que sur le rapport d'un juge ou magistrat, commis à l'effet d'entendre
le fugitif sur les faits mis à sa charge par le mandat d'arrêt ou autre acte judiciaire équivalent, émané d'un juge
ou magistrat compétent en France, et énonçant également d'une manière précise lesdits faits.

ART. 2. — Les frais de toute détention et extradition
opérée en vertu de l'article précédent seront supportés et
payés par le gouvernement au nom duquel la réquisition
aura été faite.

ART. 3. — Les dispositions de la présente convention
ne s'appliqueront en aucune manière aux crimes de meurtre, de faux ou de banqueroute frauduleuse, commis antérieurement à sa date.

ART. 4. — La présente convention sera en vigueur
jusqu'au 1er janvier 1844 ; après cette époque l'une des
hautes parties contractantes pourra déclarer à l'autre son
intention de la faire cesser ; et elle cessera, en effet, à
l'expiration des six mois qui suivront cette déclaration.

ART. 5. — La présente convention sera ratifiée, et
les ratifications seront échangées à Londres, à l'expiration de trois semaines à partir de sa date, ou plustôt, si
faire se peut.

En foi de quoi les plénipotentiaires respectifs l'ont signée et y ont apposé le cachet de leurs armes.

Fait à Londres, le 13 février, l'an de grâce 1843.

CONVENTION CONCLUE LE 14 AOUT 1876 ENTRE LA FRANCE ET LA GRANDE-BRETAGNE POUR L'EXTRADITION RÉCIPROQUE DES MALFAITEURS.

Le Président de la République française et Sa Majesté la reine du royaume-uni de la Grande-Bretagne et d'Irlande, ayant reconnu l'insuffisance des dispositions de la convention conclue le 13 février 1843 entre la France et la Grande-Bretagne pour l'extradition réciproque des malfaiteurs, ont résolu d'un commun accord de la remplacer par une autre convention plus complète et ont nommé à cet effet, pour leurs plénipotentiaires respectifs :

Le Président de la République française, M. le duc Decazes, membre de la Chambre des députés, ministre des affaires étrangères, grand-officier de l'ordre national de la Légion d'honneur, etc., etc.

Et S. M. la reine du royaume-uni de la Grande-Bretagne et d'Irlande, le très-honorable Richard Bickerton Pemell, lord Lyons, pair du Royaume-Uni, chevalier grand-croix du très-honorable ordre du Bain, membre du très-honorable conseil privé de Sa Majesté britannique, son ambassadeur extraordinaire et plénipotentiaire près le gouvernement de la République française, etc., etc.

Lesquels, après s'être communiqué leurs pleins pouvoirs respectifs, trouvés en bonne et due forme, sont convenus des articles suivants :

ART. 1ᵉʳ. — Les hautes parties contractantes s'engagent chacune à se livrer réciproquement les individus poursuivis ou condamnés pour un crime commis sur le territoire de l'autre dans les circonstances et sous les conditions prévues par le présent traité.

ART. 2. — Les nationaux respectifs, soit d'origine, soit par l'effet de la naturalisation, sont exceptés de l'extradition; toutefois, s'il s'agit d'une personne qui, depuis le crime ou le délit dont elle est accusée ou pour lequel elle a été condamnée, aurait obtenu la naturalisation dans le pays requis, cette circonstance n'empêchera pas la recherche, l'arrestation et l'extradition de cette personne, conformément aux stipulations du présent traité.

ART. 3. — Les crimes et délits pour lesquels il y aura lieu à extradition sont les suivants :

1° Contrefaçon ou altération de monnaies contrefaites ou altérées.

2° Faux ou usage de pièces fausses; contrefaçon des sceaux de l'Etat, poinçons, timbres et marques publics, ou usage desdits sceaux, poinçons, timbres et marques publics contrefaits.

3° Meurtre (assassinat, parricide, infanticide, empoisonnement) ou tentative de meurtre.

4º Coups et blessures volontaires ayant occasionné la mort sans intention de la donner; homicide par imprudence, négligence, maladresse, inobservation des règlements.

5º Avortement :

6º Viol.

7º Attentat à la pudeur avec violence; attentat à la pudeur même sans violence sur la personne d'une fille âgée de moins de douze ans.

8º Vol, abandon, exposition ou séquestration illégale d'un enfant.

9º Enlèvement d'un mineur au-dessous de quatorze ans ou d'une fille au-dessous de seize ans.

10º Séquestration ou détention illégale.

11º Bigamie.

12º Actes de violences ou sévices ayant causé des blessures graves.

13º Violences contre les magistrats et officiers publics dans l'exercice de leurs fonctions.

14º Menaces écrites ou verbales faites en vue d'extorquer de l'argent ou des valeurs.

15º Faux témoignage, subornation de témoins, d'experts ou d'interprètes.

16º Incendie volontaire.

17º Vols avec violence, effraction, escalade ou au moyen de fausses clefs.

18º Abus de confiance ou détournement par un banquier, commissionnaire, administrateur, tuteur, curateur, liquidateur, syndic, officier ministériel, directeur, membre ou. employé d'une société, ou par toute autre personne.

19° Escroquerie ou recel frauduleux d'argent, valeurs ou objets mobiliers provenant d'une escroquerie. Publications faites de mauvaise foi, comptes rendus ou imprimés mensongers faits dans le but de tromper les actionnaires d'une société, de provoquer des souscriptions ou de déterminer des tiers à prêter de l'argent à la société.

20° Détournement frauduleux, vol ou recel frauduleux de tout objet, argent ou valeur provenant de vol ou de détournement.

21° Banqueroute frauduleuse.

22° Tout acte commis avec intentention de mettre en danger la vie de personnes se trouvant dans un train de chemin de fer.

23° Destruction ou dégradation de toute propriété mobilière ou immobilière punie de peines criminelles ou correctionnelles.

24° Crimes commis en mer.

(a) Tout acte de déprédation ou de violence commis par l'équipage d'un navire français ou britannique, ou par l'équipage d'un navire étranger non pourvu de commission régulière contre des navires français ou britanniques, leurs équipages ou leurs chargements.

(b) Le fait par tout individu, faisant ou non partie d'un bâtiment de mer, de le livrer aux pirates.

(c) Le fait, par tout individu faisant partie ou non de l'équipage d'un navire ou bâtiment de mer, de s'emparer dudit bâtiment par fraude ou violence.

(*d*) Destruction, submersion, échouement ou perte d'un navire dans une intention coupable.

(*e*) Révolte par deux ou plusieurs personnes à bord d'un navire en mer contre l'autorité du capitaine ou du patron.

25° Traite des esclaves telle qu'elle est définie et punie par les lois des deux pays.

Est comprise dans les qualifications des actes donnant lieu à l'extradition, la complicité des faits ci-dessus mentionnés, lorsqu'elle est punie par la législation des deux pays.

ART. 4. — Le présent traité s'applique aux crimes et délits antérieurs à sa signature : mais la personne qui aura été livrée ne sera poursuivie pour aucun délit commis dans l'autre pays avant l'extradition, autre que celui pour lequel sa remise a été accordée.

ART. 5. — Aucune personne accusée ou condamnée ne sera livrée si le délit pour lequel l'extradition est demandée est considéré, par la partie requise, comme un délit politique ou un fait connexe à un semblable délit, ou si la personne prouve, à la satisfaction du magistrat de police ou de la cour devant laquelle elle est amenée par l'*habeas corpus*, ou du secrétaire d'État, que la demande d'extradition a été faite en réalité dans le but de la poursuivre ou de la punir pour un délit d'un caractère politique.

ART. 6. — De la part du Gouvernement français, l'extradition aura lieu ainsi qu'il suit en France :

L'ambassadeur ou autre agent diplomatique de Sa Majesté britannique en France enverra au ministre des affaires étrangères, à l'appui de chaque demande d'extradition, l'expédition authentique et dûment légalisée, soit d'un certificat de condamnation, soit d'un mandat d'arrêt contre une personne inculpée ou accusée, faisant clairement connaître la nature du crime ou du délit à raison duquel le fugitif est poursuivi. Le document judiciaire ainsi produit sera accompagné du signalement et des autres renseignements pouvant servir à constater l'identité de l'individu réclamé.

Ces documents seront communiqués par le ministre des affaires étrangères au garde des sceaux, ministre de la justice, qui, après examen de la demande et des pièces à l'appui, en fera un rapport au Président de la République; et s'il y a lieu, un décret présidentiel accordera l'extradition de l'individu réclamé et ordonnera qu'il soit arrêté et livré aux autorités britanniques.

En conséquence de ce décret, le ministre de l'intérieur donnera des ordres pour que l'individu poursuivi soit recherché, et, en cas d'arrestation, conduit jusqu'à la frontière de France pour être livré à la personne chargée de le recevoir de la part du gouvernement de S. M. britannique. S'il arrivait que les documents produits par le gouvernement britannique pour constater l'identité et les renseignements recueillis par les agents de la police française, pour le même objet fussent reconnus insuffisants, avis en serait donné immédiatement à l'ambassadeur ou autre agent diplomatique de Sa Majesté britannique en France, et l'individu poursuivi, s'il a été arrêté, continuerait à être détenu en attendant que le gouvernement britannique ait pu produire de nouveaux éléments de preuves pour constater l'identité ou éclaircir d'autres difficultés d'examen.

Art. 7. — Dans les États de Sa Majesté britannique autres que les colonies ou possessions étrangères, il sera procédé ainsi qu'il suit :

(*a*) S'il s'agit d'une personne accusée : la demande sera adressée au premier secrétaire d'État de Sa Majesté britannique pour les affaires étrangères, par l'ambassadeur ou un autre agent diplomatique du Président de la République française. A cette demande seront joints un mandat d'arrêt ou autre document judiciaire équivalent, délibéré par un juge ou magistrat dûment autorisé à prendre connaissance des actes imputés à l'inculpé en France, ainsi que les dépositions authentiques ou les déclarations faites sous serment devant ce juge ou magistrat, énonçant clairement lesdits actes et contenant, outre le signalement de la personne réclamée, toutes les particularités qui pourraient servir à établir son identité. Ledit secrétaire d'État transmettra ces documents au premier secrétaire d'État de Sa Majesté britannique pour le département des affaires intérieures, qui, par un ordre de sa main et muni de son sceau, signifiera à un magistrat de police de Londres, que la demande d'extradition a été faite, et le requerra, s'il y a lieu, de délivrer un mandat pour l'arrestation du fugitif.

A la réception de cet ordre et sur la production de telle preuve qui, dans son opinion, justifierait l'émission du mandat, si le fait avait été commis dans le Royaume-Uni, le magistrat délivrera le mandat requis.

Lorsque le fugitif aura été arrêté on l'amènera devant le magistrat de police de qui sera émané le mandat, ou devant un autre magistrat de police de Londres. Si la preuve produite est de nature à justifier, selon la loi anglaise, la mise en jugement du prisonnier, dans le cas où le fait dont il est accusé aurait été commis en Angleterre, le magistrat de police l'enverra en prison pour attendre le mandat du secrétaire d'Etat nécessaire à l'extradition, et il adressera immédiatement à ce dernier une attestation de l'emprisonnement avec un rapport sur l'affaire.

Après l'expiration d'un certain temps, qui ne pourra jamais être moindre de quinze jours depuis l'emprisonnement de l'accusé, le secrétaire d'Etat, par un ordre de sa main et muni de son sceau, ordonnera que le fugitif soit livré à telle personne qui sera dûment autorisée à le recevoir au nom du Président de la République française.

(*b*). S'il s'agit d'une personne condamnée, la marche de la procédure sera la même que dans le cas d'une personne accusée, sauf que le mandat à transmettre par l'ambassadeur ou autre agent diplomatique français à l'appui de la demande d'extradition énoncera clairement le fait pour lequel la personne réclamée aura été condamnée et mentionnera le lieu et la date du jugement. La preuve à produire devant le magistrat de police sera telle que, d'après la loi anglaise, elle établirait que le prisonnier a été comdamné pour l'infraction dont on l'accuse.

(*c*). Les condamnés par jugement par défaut ou arrêt

de contumace sont, au point de vue de la demande d'extradition, réputés accusés et livrés comme tels.

(d). Après que le magistrat de police aura envoyé en prison la personne accusée ou condamnée pour attendre l'ordre d'extradition du secrétaire d'Etat, cette personne aura le droit de réclamer une ordonnance d'*habeas corpus*; l'extradition devra alors être différée jusqu'après la décision de la cour sur le renvoi de l'ordonnance, et elle ne pourra avoir lieu que si la décision est contraire au demandeur. Dans ce dernier cas, la cour pourra immédiatement ordonner la remise de celui-ci à la personne autorisée à le recevoir, sans qu'il soit besoin d'attendre l'ordre d'extradition du secrétaire d'Etat ou bien l'envoyer en prison pour attendre cet ordre.

ART. 8. — Les mandats, les dépositions, les déclarations sous serment, délivrés ou recueillis dans les Etats de l'une des hautes parties contractantes, les copies de ces pièces, ainsi que les certificats ou les documents judiciaires établissant le fait de la condamnation, seront reçus comme preuve dans la procédure des Etats de l'autre partie, s'ils sont revêtus de la signature ou accompagnés de l'attestation d'un juge, d'un magistrat ou d'un fonctionnaire du pays où ils ont été délivrés ou recueillis, pourvu que ces mandats, dépositions, déclarations, copies, certificats et documents judiciaires soient rendus authentiques par le serment d'un témoin ou par le sceau officiel du ministre de la justice ou d'un autre ministre d'Etat.

ART. 9. — Le fugitif pourra être arrêté sur mandat délivré par tout magistrat de police, juge de paix ou autre autorité compétente, dans chaque pays, à la suite d'un avis, d'une plainte, d'une preuve ou de tout autre acte de procédure qui, dans l'opinion de celui qui aura délivré le mandat, justifierait ce mandat, si le crime avait été commis ou la personne condamnée dans la partie des États des deux contractants où ce magistrat exerce sa juridiction, pourvu cependant, s'il s'agit du Royaume Uni, que l'accusé soit, dans un pareil cas, envoyé aussi promptement que possible devant un magistrat de police de Londres. Il sera relâché, tant dans le Royaume-Uni qu'en France, si, dans les quatorze jours, une demande d'extradition n'a pas été faite par l'agent diplomatique de son pays, suivant le mode indiqué par les articles 1 et 4 de ce traité.

La même règle s'appliquera aux cas de personnes accusées ou condamnées du chef de l'un des faits spécifiés dans ce traité et commis en pleine mer, à bord d'un navire de l'un des deux pays et qui viendrait dans un port de l'autre.

ART. 10. — Si le fugitif qui a été arrêté n'a pas été livré et emmené dans les deux mois après son arrestation, ou dans les deux mois après la décision de la cour sur le renvoi d'une ordonnance d'*habeas corpus* dans le Royaume-Uni, il sera mis en liberté, à moins qu'il n'y ait d'autre motif de le retenir en prison.

ART. 11. — Il ne sera pas donné suite à la demande d'extradition, si l'individu réclamé a été jugé pour le même fait dans le pays requis, ou si, depuis les faits imputés, les poursuites ou la condamnation, la prescription de l'action ou de la peine est acquise d'après ies lois de ce même pays.

ART. 12. — Si l'individu réclamé par l'une des hautes parties contractantes, en exécution du présent traité, est aussi réclamé par une ou plusieurs autres puissances, du chef d'autres infractions commises sur leurs territoires respectifs, son extradition sera accordée à l'État dont la demande est la plus ancienne en date ; à moins qu'il n'existe, entre les gouvernements qui l'ont réclamé, un arrangement qui déciderait de la préférence, soit à raison de la gravité des crimes commis, soit pour tout autre motif.

ART. 13. — Si l'individu réclamé est poursuivi ou condamné pour crime ou délit commis dans le pays où il s'est réfugié, son extradition pourra être différée jusqu'à ce qu'il ait été mis en liberté, conformément à la loi.

Dans le cas où il serait poursuivi ou détenu dans le pays, à raison d'obligations par lui contractées envers les particuliers, son extradition n'en aura pas moins lieu.

ART. 14. — Tout objet trouvé en la possession de l'individu réclamé au moment de son arrestation sera, si l'autorité compétente en a ainsi ordonné, saisi pour être livré avec sa personne lorsque l'extradition aura lieu. Cette remise ne sera, pas limitée aux objets acquis par vol ou banqueroute frauduleuse ; elle s'étendra à toutes choses qui pourraient servir de pièce de conviction et s'effectuera même si l'extradition, après avoir été accordée, ne peut s'accomplir par suite de l'évasion ou de la mort de l'individu réclamé.

Sont toutefois réservés les droits des tiers sur les objets susmentionnés.

ART. 15. — Chacune des hautes parties contractantes supportera les frais occasionnés par l'arrestation sur son territoire, la détention et le transport à la frontière des personnes qu'elle aura consenti à extrader, en exécution du présent décret.

ART. 16. — Dans les colonies et autres possessions étrangères des deux hautes parties contractantes, il sera procédé de la manière suivante :

La demande d'extradition du malfaiteur qui s'est réfugié dans une colonie ou possession étrangère de l'une des parties, sera faite au gouverneur ou fonctionnaire principal de cette colonie ou possession par le principal agent consulaire de l'autre dans cette colonie ou possession; ou si le fugitif s'est échappé d'une colonie ou possession étrangère de la partie au nom de laquelle l'extradition est demandée, par le gouverneur ou le fonctionnaire principal de cette colonie ou possession.

Ces demandes seront faites ou accueillies, en suivant toujours aussi exactement que possible les stipulations de ce traité, par les gouverneurs ou premiers fonctionnaires, qui, cependant, auront la faculté ou d'accorder l'extradition ou d'en référer à leur gouvernement.

Les stipulations qui précèdent ne modifient en rien les arrangements établis dans les possessions des Indes orientales des deux États par l'article 9 du traité du 7 mars 1815.

ART. 17. — Le présent traité sera ratifié, et les ratifications en seront échangées, à Paris, aussitôt que faire se pourra.

Il entrera en vigueur dix jours après sa publication dans les formes prescrites par la législation des pays respectifs.

Chacune des parties contractantes pourra, en tout temps, mettre fin au traité, en donnant à l'autre, six mois à l'avance, avis de son intention.

En foi de quoi, les plénipotentiaires respectifs ont signé ce même traité et y ont apposé le sceau de leurs armes.

Fait à Paris, le 14 août 1876.

(L. S.) *Signé* : DECAZES.
(L. S.) *Signé* : LYONS.

CONVENTION SIGNÉE A LONDRES, LE 7 MARS 1815, ENTRE LA FRANCE ET LA GRANDE-BRETAGNE.

. . . .

ART. 9. — Tous les Européens ou autres quelconques contre qui il sera procédé en justice dans les limites desdits établissements ou factoreries appartenant à Sa Ma-

jesté Très-Chrétienne pour des offenses commises ou des
dettes contractées dans lesdites limites, et qui prendront
refuge hors de ces mêmes limites, seront délivrés aux
chefs desdits établissements et factoreries; et tous les
Européens ou autres quelconques contre qui il sera procédé en justice hors desdites limites et qui se réfugieront
dans ces mêmes limites, seront délivrés par le chef desdits établissements et factoreries sur la demande qui en
sera faite par le gouvernement anglais.

FIN.

TABLE DES MATIÈRES

CHAPITRE I

CHAPITRE II.

CHAPITRE III.

CHAPITRE IV.

APPENDICE.

Paris. — Imp. F. PICHON, 14, rue Cujas, et 51, rue des Feuillantines.

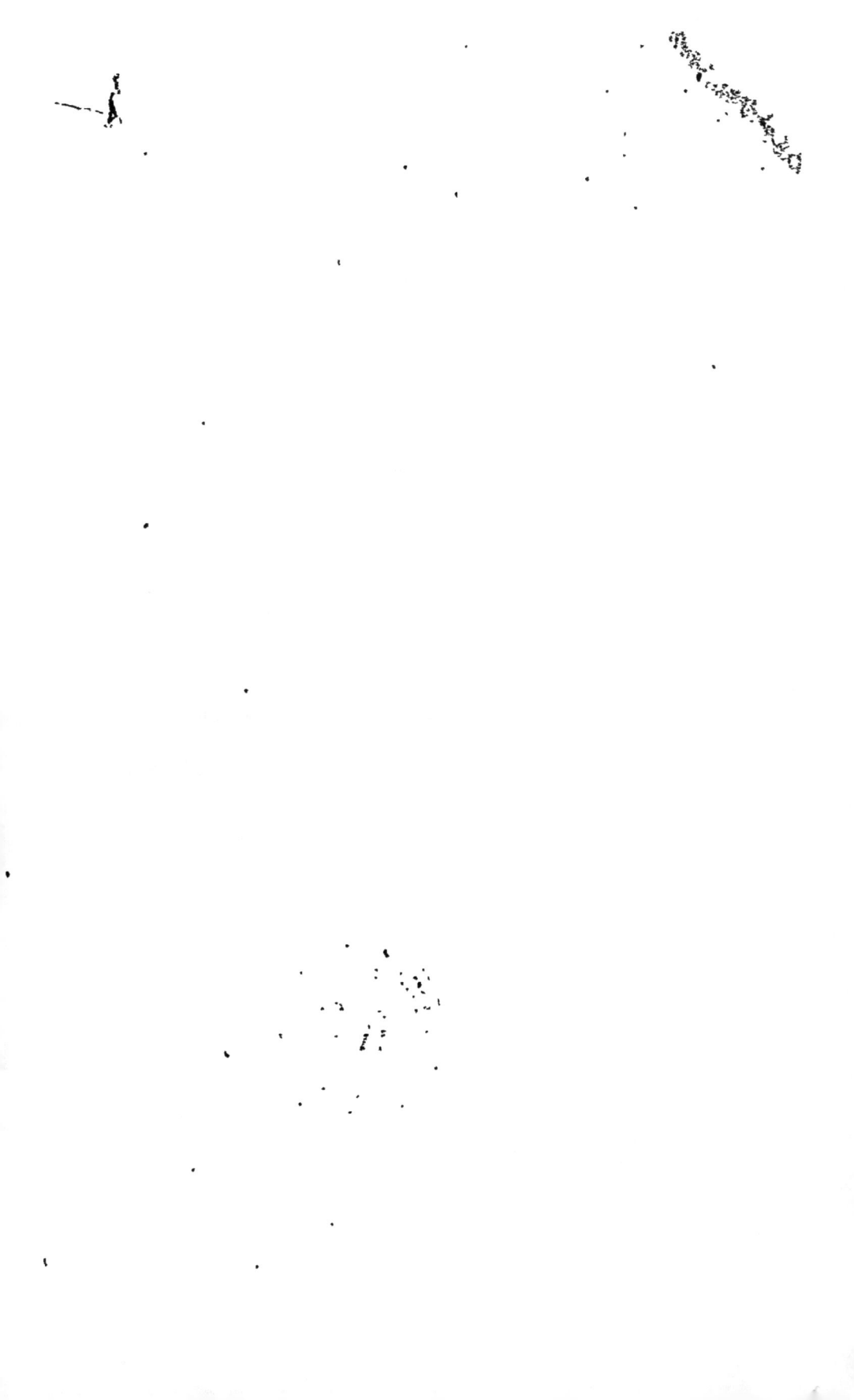

Paris. — Imp. F. Pichon, 14, rue Cujas, et 51, rue des Feuillantines

www.ingramcontent.com/pod-product-compliance
Lightning Source LLC
Chambersburg PA
CBHW071702200326
41519CB00012BA/2599